제36회 공인중개사 시험대비 **전면개정판**   동영상강의 www.pmg.co.kr

박문각 공인중개사

민석기 민법
합격생의
비밀노트

민석기 편저

박문각

이 책의 **차례**

박문각 공인중개사

01

민법총칙

민법총칙의 구성

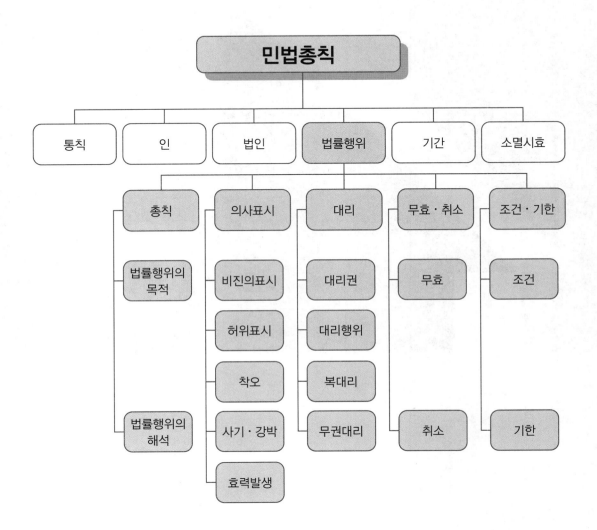

01 | 권리변동(법률효과)

(1) **원시취득**

  무주물 선점, 유실물 습득, 매장물 발견, **건물의 신축**, **선의취득**, **시효취득** 등

(2) **승계취득**

  ① **이전적** 승계 – **포괄 승계**: **상속**, 합병 등

  　　　　　　　　– 특정 승계: 매매, 증여 등

  ② **설정적** 승계: 제한물권의 **설정** 등

🏠 이전적 승계와 설정적 승계

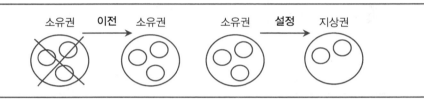

기출 지문 익힘

① 신축 건물의 소유권 취득은 성질상 (원시 / 승계)취득이다.

② 선의취득에 의한 소유권 취득은 (원시 / 승계)취득에 해당하므로 무권리자로부터의 선의취득도 인정된다.

③ 시효취득에 의한 부동산 소유권 취득은 성질상 (원시 / 승계)취득에 해당하므로 기존의 하자나 제한을 승계하지 않는다.

④ 상속에 의한 소유권 취득은 (특정 / 포괄)적 (원시 / 승계)취득이다.

Answer　① 원시　② 원시　③ 원시　④ 포괄, 승계

02 | 법률행위의 요건

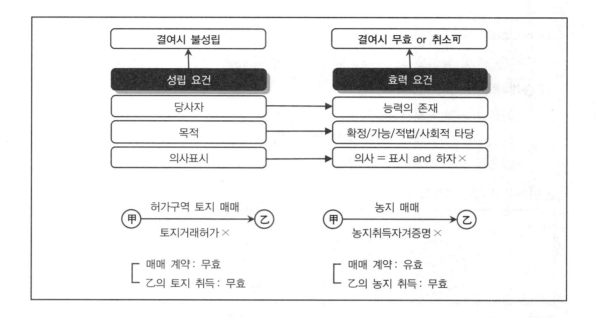

기출 지문 익힘

① 대리행위에서 대리권의 존재는 법률행위의 특별 (성립 / 효력)요건이다.

② 조건부 법률행위에서 조건의 성취는 법률행위의 특별 (성립 / 효력)요건이다.

③ 토지거래허가구역 내의 토지 매매에서 토지거래 허가는 특별 효력요건이다. (　　　)

④ 농지취득자격증명은 농지매매 계약의 효력발생 요건이다. (　　　)

Answer　① 효력　② 효력　③ ○　④ ×

03 ┃ 단독행위와 계약

(1) **단독행위** ◯──▶
  ① 일방적 의사표시에 의하여 성립하는 법률행위(상대방 동의 필요 없음)
  ② 단독행위의 분류
    − 상대방 있는 ~ : 해제, 취소, 채무면제, 공유지분 포기, 추인, 동의 등
    − 상대방 없는 ~ : 유언, 재단법인 설립행위 등
  ③ 단독행위의 특징
    단독행위에는 원칙적으로 조건이나 기한을 붙일 수 없다. 다만 유언(유증), 채무면제 등 상대방에게 불리하지 않은 경우에는 조건을 붙일 수 있다.

(2) **계약** ◯◀──▶◯
  ① 둘 이상의 대립하는 **의사표시의 합치**에 의하여 성립하는 법률행위
  ② **계약의 유형** : 매매, 교환, 임대차, 증여, 합의해제 등

기출 지문 익힘

① 계약의 해제는 상대방 (있는 / 없는) 단독행위이다.

② 공유지분 포기는 상대방 (있는 / 없는) 단독행위이다.

③ (약정해제 / 합의해제)는 성질상 단독행위이다.

④ 유언은 상대방 (있는 / 없는) 단독행위이다.

⑤ 증여는 성질상 (단독행위 / 계약)이다.

Answer ① 있는 ② 있는 ③ 약정해제 ④ 없는 ⑤ 계약

04 ㅣ 법률행위 목적의 확정과 가능

---

(1) **법률행위 목적의 확정**

 ① 매매 목적물과 대금은 이행기까지 확정

 ② 매매 계약의 당사자인 매도인과 매수인은 계약 체결당시 확정

(2) **법률행위 목적의 가능**

 ① 법률행위 목적의 실현가능성 여부는 물리적 개념이 아니라 **사회통념에 의해 결정**

 ② 원시적 불능인 법률행위는 무효

  cf) 원시적 불능인 법률행위의 경우 계약체결상의 과실책임 발생 가능

 ③ 후발적 불능인 법률행위는 유효

  cf) 후발적 불능이 채무자의 귀책사유로 인한 경우에는 채무불이행 책임 발생

  cf) 후발적 불능이 채무자의 귀책사유 없이 발생하였다면 위험부담의 법리 적용

기출 지문 익힘

① 법률행위의 목적은 법률행위 (성립 당시에 / 이행기까지) 구체적으로 확정되어야 한다.

② 법률행위 목적의 실현가능성 여부는 (물리적 객관적으로 / 사회통념에 의하여) 결정된다.

③ 계약 당시에 이미 채무를 이행하는 행위가 법률로 금지되어 있는 경우도 원시적 불능으로 본다. ( )

④ 계약체결 (이전에 / 이후에) 매매 목적물이 멸실된 경우 그 매매 계약은 무효가 된다.

05 | 법률행위 목적의 적법성

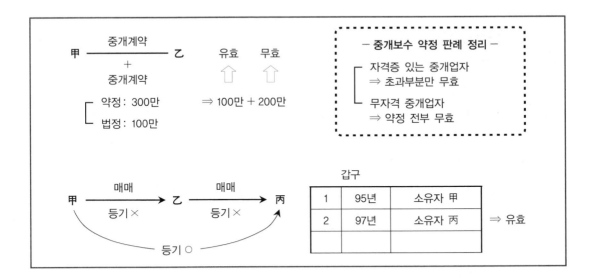

기출 지문 익힘

① 공인중개사가 법정 한도를 초과하여 고객과 체결한 중개보수 약정은 (그 전부를 / 초과 부분에 한하여) 무효로 한다.

② 토지거래허가구역 외의 토지에 대한 미등기 전매행위 및 그로 인한 중간생략등기는 원칙 적으로 효력이 (있다. / 없다.)

③ 개업 공인중개사가 중개 의뢰인과 직접 거래하는 행위를 금지하는 규정은 성질상 (강행 규정 / 단속규정)이다.

④ 구 증권거래법에 위반하여 체결한 (투자수익보장약정 / 일임매매약정)은 강행규정에 위반하여 효력이 없다.

Answer　① 초과 부분에 한하여　② 있다　③ 단속규정　④ 투자수익보장약정

06 ㅣ 법률행위 목적의 사회적 타당성

(1) **반사회질서 법률행위의 개념**
 — 사회적 타당성이 없는 행위 ≠ 강행규정 위반
 — 동기의 불법 : 동기가 표시되거나 알려지면 무효
 — 법률행위 성립과정에 강박이 사용된 경우에는 반사회질서 행위에 불포함
 — 반사회성 판단시기 : 법률행위 당시 기준

(2) **반사회질서 법률행위의 효과**
 — 법률행위의 절대적 무효 : 추인 불가능, 제3자 보호규정 없음
 — 불법원인급여물의 법리 : 이미 이행한 것은 반환청구 불가능

기출 지문 익힘

① 반사회적 법률행위에 해당하여 무효인 법률행위는 무효행위 추인에 의하여 유효로 할 수 (있다. / 없다.)

② 표시되거나 알려진 법률행위의 동기가 반사회적인 내용을 포함하고 있다면 그 법률행위 는 (무효가 된다. / 무효라고 할 수 없다.)

③ 반사회적 법률행위에 해당하는지 여부는 (법률행위 당시 / 판결 당시)를 기준으로 판단 한다.

④ 법률행위의 성립과정에서 강박이라는 불법적 방법이 사용된 데 불과한 경우에는 반사회 적 법률행위에 (해당한다. / 해당하지 않는다.)

⑤ 첩에게 증여한 부동산은 그 부동산의 소유권이 증여자에게 있음을 이유로 반환을 청구할 수 (있다. / 없다.)

Answer ① 없다 ② 무효가 된다 ③ 법률행위 당시 ④ 해당하지 않는다 ⑤ 없다

07 | 반사회적 법률행위 주요 판례

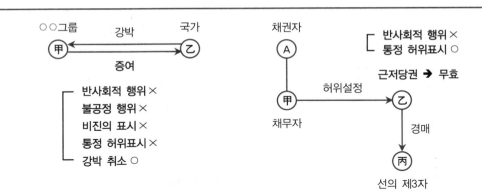

(1) **부첩관계 종료를 해제조건으로 하는 증여 ➔ 무효**

cf) 첩관계를 단절하면서 생활비나 양육비를 지급하기로 하는 약정 ➔ 유효

(2) **허위진술의 대가 또는 상당한 수준을 초과하는 대가를 지급하기로 하는 약정 ➔ 무효**

cf) 진정한 진술의 대가로 적정 수준의 대가를 지급하기로 하는 약정 ➔ 유효

(3) **형사 사건의 성공보수 약정 ➔ 무효**

cf) 민사 사건의 성공보수 약정 ➔ 유효

(4) **도박 및 도박 관련 행위 ➔ 무효**

cf) 도박채권자에게 대리권을 수여하는 행위 ➔ 유효

(5) **비자금 및 뇌물 수수 행위 ➔ 무효**

cf) 비자금을 임치하는 행위 ➔ 유효

(6) **전통사찰 주지직 거래행위 ➔ 무효**

cf) 종교법인의 주지 임명행위 ➔ 유효

(7) **무효이지만 반사회적 법률행위가 아닌 경우**

① 허위의 근저당권 설정행위

② 탈세 목적의 명의신탁 약정

③ 농지에 대한 임대차 계약

08 | 부동산 이중매매

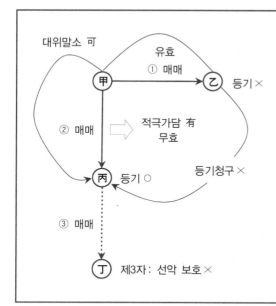

(1) 이중매매의 유효성 판단

- 제2매수인이 적극가담했다면 무효
  cf) 제2매수인이 악의라도 유효

(2) 유효인 이중매매의 경우

- 丙은 소유권 취득
- 乙은 해제 및 손해배상청구

(3) 무효인 이중매매의 경우

- 乙은 丙에게 직접등기청구 불가능
- 甲은 丙에게 말소등기청구 불가능
- 乙은 甲을 대위하여 丙의 등기 말소
- 제3자 丁은 선악불문 소유권 없음

기출 지문 익힘

① 甲과 丙의 매매 계약은 丙이 (甲과 乙의 계약에 대하여 알고 있었다면 / 甲의 배임행위에 적극적으로 가담하였다면) 효력이 없다.

② 甲과 丙의 계약이 반사회적 법률행위에 해당하여 무효인 경우, 乙은 (丙에게 직접 소유권 이전등기를 / 甲을 대위하여 丙에게 소유권이전등기의 말소를) 청구할 수 있다.

③ 甲과 丙의 계약이 반사회적 법률행위에 해당하여 무효인 경우, 丙으로부터 X부동산을 선의로 매수한 丁은 소유권을 취득할 수 (있다. / 없다.)

<u>Answer</u>   ① 적극적으로 가담하였다면   ② 甲을 대위하여   ③ 없다

09 | 불공정한 법률행위

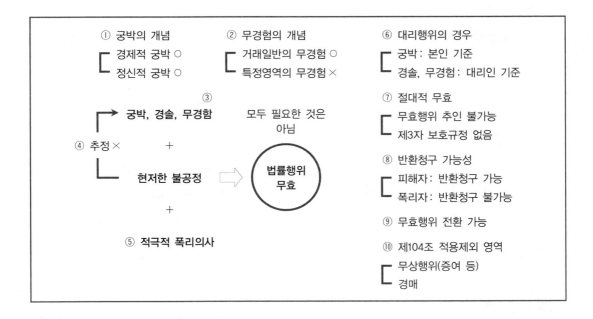

① 불공정한 법률행위가 인정되기 위한 피해자의 궁박은 정신적 원인에 기인한 궁박을 포함 (**한다.** / 하지 않는다.)

② 불공정한 법률행위에 해당하는지에 관한 판단은 (**법률행위 당시** / 판결당시)를 기준으로 판단한다.

③ 대리인에 의한 법률행위가 불공정한 법률행위에 해당하는지를 판단할 때 피해자의 (궁박 / **경솔 / 무경험**)은 대리인을 기준으로 판단한다.

④ 불공정한 법률행위에 관한 규정은 (단독행위 / **경매** / **무상행위**)에는 적용하지 않는다.

⑤ 불공정한 법률행위에 무효행위 (추인 / **전환**)의 법리가 적용될 수 있다.

<u>Answer</u>　　① 한다　　② 법률행위 당시　　③ 경솔, 무경험　　④ 경매, 무상행위　　⑤ 전환

10 | 법률행위의 해석

(1) **법률행위 해석의 방법**

① 자연적 해석 : 내심의 의사

② 규범적 해석 : 표시행위의 의미

③ 보충적 해석 : 가정적 의사

(2) **법률행위 해석의 기준**

① 당사자의 의사

② 사실인 관습 ≠ 관습법

③ 임의규정

④ 신의칙

| 오표시 무해의 법칙 |

甲 ──토지 매매──▶ 乙 ──Y토지 매매──▶ 丙

합의: X토지
표시: Y토지

(1) **계약 성립** : X토지

(2) **착오 취소 불가능**

(3) **丙의 Y토지 취득 불가능**

기출 지문 익힘

① 계약 당사자가 누구인지에 관하여 당사자의 의사가 일치되어 있는 경우에는 (당사자의 의사에 따라 / 계약서의 표시에 따라) 당사자를 결정하여야 한다.

② 법률행위 당사자 사이의 약정이 임의규정과 다른 내용인 때에는 (당사자의 의사 / 임의규정)에 따라 그 내용을 해석하여야 한다.

③ X토지를 매매 목적물로 하기로 합의하였으나 착오로 인하여 매매 계약서에 Y토지를 매매 목적물로 표시한 경우, 착오를 이유로 취소할 수 (있다. / 없다.)

Answer   ① 당사자의 의사에 따라   ② 당사자의 의사   ③ 없다

11 | 비진의 표시

(1) 비진의 표시 규정

乙 선의·무과실: 증여 유효 → ┌ 丙 선의: 소유권 취득 ○
└ 丙 악의: 소유권 취득 ○

甲 ─ 甲 증여 표시 ○ / 甲 증여 의사 × → 乙 ─ 매매 → 丙 ─ 매매 → 丁

乙 악의 or 과실有: 증여 무효 →
┌ 丙 선의: 소유권 취득 ○ → ┌ 丁 선의: 소유권 취득 ○
│   └ 丁 악의: 소유권 취득 ○
└ 丙 악의: 소유권 취득 × → ┌ 丁 선의: 소유권 취득 ○
                           └ 丁 악의: 소유권 취득 ×

(2) 비진의 표시 규정이 적용되지 않는 경우

① 상대방의 강박에 의하여 이루어진 증여

② 제3자 명의 대출약정

③ 공무원의 사직의 의사표시

기출 지문 익힘

① 진의 아닌 의사표시임을 상대방이 알았거나 알 수 있었을 경우에는 (무효로 한다. / 취소할 수 있다.)

② 진의 아닌 의사표시에서 '진의'란 (어떠한 의사표시를 하고자 하는 표의자의 생각 / 표의자가 마음속으로 바라는 사항)을 의미한다.

③ 채무 부담의 의사 없이 타인 명의의 소비대차 약정서에 채무자로 기명 날인 하였다면 진의 아닌 의사표시에 (해당한다. / 해당하지 않는다.)

④ (공무원의 / 사립대학교 조교수의) 사직의 의사표시에는 비진의 표시에 관한 규정을 적용하지 않는다.

Answer ① 무효로 한다 ② 표의자의 생각 ③ 해당하지 않는다 ④ 공무원의

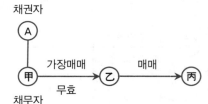

12 | 통정허위표시

은닉행위 사례	가장매매 사례

은닉행위 사례

甲 →(증여 합의 / 매매 표시)→ 乙 →(매매)→ 丙

(1) **증여**: 유효

(2) **매매**: 무효

(3) 乙명의 등기 유효

(4) 丙은 선악 불문 소유권 ○

가장매매 사례

채권자 A

甲(채무자) →(가장매매 / 무효)→ 乙 →(매매)→ 丙

(1) **매매**: 무효

(2) **A는 채권자취소권 가능**

(3) **丙은 선의일 때 소유권 ○**

(4) **丙은 선의로 추정**

(5) **丙은 과실유무 불문**

기출 지문 익힘

① 통정허위표시에 해당하는 가장매매 계약도 채권자 취소권의 대상이 될 수 (있다. / 없다.)

② 가장매매의 제3자는 (스스로 자신의 선의를 입증하여야 한다. / 선의로 추정된다.)

③ 가장매매 매수인으로부터 목적물을 선의로 전득한 자는 과실이 (있어도 / 없어야) 소유권을 취득할 수 있다.

④ 부동산을 증여하기로 약정하면서 세금 문제를 우려하여 매매 계약을 체결한 것처럼 허위의 계약서를 작성하였다면 (증여 / 매매) 계약은 효력이 없다.

Answer   ① 있다   ② 선의로 추정된다   ③ 있어도   ④ 매매

13 | 통정허위표시의 제3자

(1) 가장매매와 허위표시의 제3자

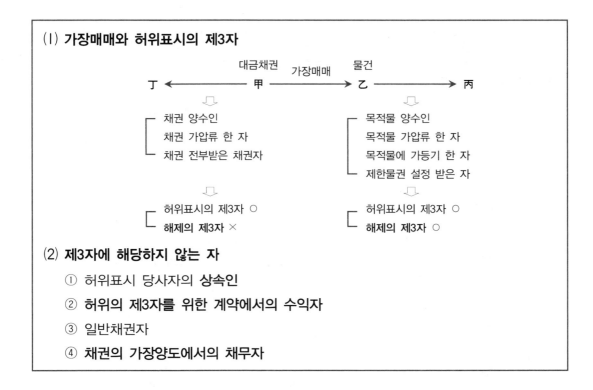

(2) 제3자에 해당하지 않는 자

① 허위표시 당사자의 **상속인**

② **허위의 제3자를 위한 계약에서의 수익자**

③ 일반채권자

④ **채권의 가장양도에서의 채무자**

기출 지문 익힘

① 가장매매의 경우 매매 (목적물을 / 대금 채권을) 양도받은 자는 허위표시의 제3자가 될 수 있다.

② 가장채권자가 파산선고를 받은 경우, 파산채권자 전원의 악의가 되지 않는 이상 선의의 제3자로 보호받을 수 (있다. / 없다.)

③ 제3자를 위한 계약이 허위표시에 해당하여 무효인 경우, 수익자는 선의의 제3자로 보호받을 수 (있다. / 없다.)

Answer　① 목적물을, 대금 채권을　② 있다　③ 없다

14 | 착오로 인한 의사표시

착오 취소의 요건	동기의 착오
(1) 중요부분 착오일 것 　① 경제적 불이익 없으면 중요× 　② 현황, 경계 ➡ 중요 ○ 　③ 시가, 지적 ➡ 중요× 　④ 취소하려는 자 입증사항 **(2) 표의자에게 중과실 없을 것** 　① 중과실 있는 표의자 　　ㅡ 원칙적 취소 불가능 　　ㅡ 상대방 알고 이용하면 취소 가능 　② 취소를 저지하려는 자 입증사항	 **(1) 원칙**: 취소 불가능 **(2) 예외**: 취소 가능 　ㅡ 동기가 표시된 경우 　ㅡ 착오가 유발된 경우

기출 지문 익힘

① 법률행위의 동기가 표시되지는 않았지만 상대방이 그 동기의 착오를 유발한 경우 표의자는 의사표시를 취소할 수 (있다. / 없다.)

② 착오를 한 표의자에게 중대한 과실이 있고 상대방이 그 사실을 알고 이용한 경우, 그 의사표시를 취소할 수 (있다. / 없다.)

③ 착오 취소에서 표의자에게 중대한 과실이 있었다는 사실에 대한 증명책임은 (**취소하려는 자** / 취소를 저지하려는 자)가 부담한다.

④ 동기의 착오를 이유로 취소권을 행사하려면 그 동기가 (**표시된** / 합의된) 경우라야 한다.

Answer　① 있다　② 있다　③ 취소를 저지하려는 자　④ 표시된

15 | 착오와 다른 제도의 관계

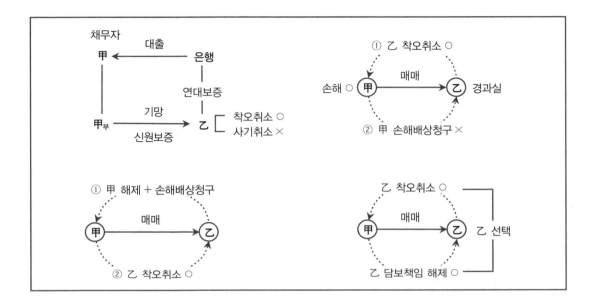

기출 지문 익힘

① 제3자의 기망행위에 의하여 연대보증 서류를 신원보증 서류로 착오하여 서명한 경우, (착오 / 사기)에 관한 규정을 적용하여야 한다.

② 착오 취소로 인하여 손해를 입은 상대방은 착오자에게 불법행위를 이유로 손해배상을 청구할 수 (있다. / 없다.)

③ 매도인이 계약을 해제한 후에도 의사표시의 중요부분에 착오가 있었던 매수인은 계약을 취소할 수 (있다. / 없다.)

④ 매매 목적물의 하자로 인하여 담보책임이 인정되는 경우, 이와 별도로 착오를 이유로 한 취소권이 인정될 수 (있다. / 없다.)

Answer ① 착오 ② 없다 ③ 있다 ④ 있다

16 | 사기 · 강박에 의한 의사표시

(1) 제3자 사기

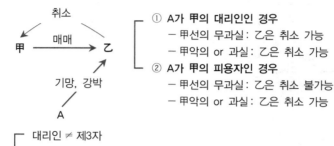

(2) 사기 취소와 다른 제도의 관계

① 사기 취소와 담보책임 해제 선택 가능

② 취소 ○ + 손해배상청구 ○ ➜ 가능

③ 취소 × + 손해배상청구 ○ ➜ 가능

기출 지문 익힘

① 원칙적으로 乙은 甲이 A의 기망이나 강박을 (알았는지에 관계없이 / 알았거나 알 수 있었을 경우에) 취소할 수 있다.

② 만일 A가 甲의 대리인이고 甲이 A의 기망이나 강박에 대하여 선의 무과실인 경우, 乙은 취소권을 행사할 수 (있다. / 없다.)

③ X토지에 하자가 있는 경우 乙은 담보책임에 의한 해제권과 기망행위로 인한 취소권을 선택하여 행사할 수 (있다. / 없다.)

④ 乙은 취소권을 행사하지 않은 상태에서 A에게 손해배상을 청구할 수 (있다. / 없다.)

⑤ 의사 결정의 자유를 완전히 박탈할 정도의 강박에 의하여 이루어진 의사표시는 (효력이 없다. / 취소할 수 있다.)

Answer　① 알았거나 알 수 있었을 경우　② 있다　③ 있다　④ 있다　⑤ 효력이 없다

17 | 의사표시의 효력발생

(1) **원칙적 도달주의(요지가능성설)**
 - 정당한 사유 없이 수령거절
   ➔ 도달 ○
 - 보통우편 ➔ 도달추정 ✕
 - 등기, 내용증명 ➔ 도달추정 ○

(2) **의사표시 발송 후 사망 or 행위무능력**
   ➔ 영향 없음(효력 발생)

(3) **의사표시 수령자가 제한능력자인 경우**
 - 표의자는 도달주장 불가능 / 제한능력자는 주장 가능
 - 법정대리인 알게 되면 누구나 도달 주장 가능

(4) **공시송달**
   ➔ 과실 없이 상대방이나 상대방의 소재를 알지 못하는 경우 공시송달

발신주의가 적용되는 예외 규정
① **사원총회** 소집통지 발송
② **격지자간** 계약의 승낙 발송시 성립
③ **지연(연착)**의 통지 발송
④ **무권대리** 상대방의 최고에 대한 **확답**
⑤ **무능력자** 상대방의 최고에 대한 **확답**
⑥ 채무**인**수인에 대한 채권자의 **확답**

기출 지문 익힘

① 의사표시는 원칙적으로 상대방이 그 내용을 (안 때 / 알 수 있는 객관적 상태에 있으면) 효력이 발생한다.

② (내용증명우편 / 보통우편)으로 발송한 의사표시가 반송되지 않았다면 그 무렵 상대방에게 도달한 것으로 추정된다.

③ 표의자가 의사표시를 발송한 후 사망하거나 제한능력자가 된 경우, 그 의사표시는 효력이 발생(된다. / 될 수 없다.)

④ 의사표시가 상대방에게 도달 (하기 전 / 한 후)에는 철회하지 못한다.

⑤ 의사표시의 수령자가 미성년자인 경우, 법정대리인이 그 사실을 알기 전까지 (표의자 / 수령자)는 도달을 주장하지 못한다.

⑥ 표의자의 (과실없이 / 과실로) 상대방의 소재를 알 수 없는 경우 공시송달에 의하여 의사표시의 효력이 발생될 수 있다.

Answer   ① 알 수 있는~   ② 내용증명우편   ③ 된다   ④ 한 후   ⑤ 표의자   ⑥ 과실없이

www.pmg.co.kr

18 | 대리권의 범위

(1) **법정대리** : 법률 규정에 따라 결정

(2) **임의대리** : 수권행위의 해석에 따라 결정

① 대리권 범위가 분명한 경우 : 지정한 행위만 대리 가능

② 대리권 범위가 분명하지 않은 경우

– 보존 / 이용, 개량 행위 가능

– 처분행위 불가능 **예** 매매, 저당권 설정, 해제, 취소, 채무면제 등

(3) **매도인의 임의대리인 대리권**

– 중도금 · 잔금 수령 권한 인정

– 잔금 지급기일 연기 권한 인정

– 계약해제 또는 취소 권한 부정

– 대금채무 면제권한 부정

기출 지문 익힘

① 권한을 정하지 않은 임의대리인이 (보존행위 / **처분행위**)를 하기 위해서는 별도의 대리권이 필요하다.

② 매매 계약 체결에 관하여 포괄적으로 대리권을 수여받은 대리인은 특별한 사정이 없는 한 (**매매 대금 수령** / **대금 지급 기일 연기** / 매매 계약 해제나 취소 / 매매대금 면제)에 관한 권한도 있다.

Answer ① 처분행위   ② 매매 대금 수령, 대금 지급 기일 연기

19 ┃ 대리권의 제한 및 소멸

(1) **자기계약·쌍방대리 ➔ 원칙적으로 금지**
- 본인 허락 있거나 다툼이 없는 채무의 이행은 가능
- 등기신청 쌍방대리 가능
- 부동산 입찰을 쌍방대리하면 무효

(2) **대리인이 수인인 경우 ➔ 각자대리 원칙**

(3) **대리권 소멸 사유**
- ① 법정대리 임의대리 공통
  - ➔ 본인 : 사망
  - ➔ 대리인 : 사망, 성년후견의 개시, 파산
- ② 임의대리의 경우 : 원인관계 종료 or 수권행위철회

기출 지문 익힘

① 자기 계약이나 쌍방대리는 본인의 허락이 (있으면 / 없으면) 허용되지 않는다.

② 대리인이 수인인 경우 (각자대리 / 공동대리)를 원칙으로 한다.

③ 본인의 (사망 / 성년후견의 개시 / 파산)은 대리권 소멸사유에 해당한다.

④ 대리인에 대한 (성년후견 / 한정후견)이 개시되면 대리인의 대리권은 소멸한다.

Answer ① 없으면 ② 각자대리 ③ 사망 ④ 성년후견

20 | 현명주의

(1) 현명주의

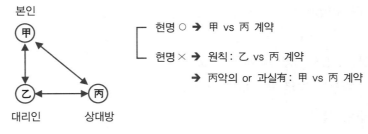

본인
甲

乙 ←→ 丙
대리인   상대방

현명 ○ → 甲 vs 丙 계약

현명 × → 원칙: 乙 vs 丙 계약

→ 丙악의 or 과실有: 甲 vs 丙 계약

(2) 현명의 방법

- 제한이 없음(묵시적 현명 가능)
- 대리인이 본인 이름으로 유효한 대리행위 가능
- 위임장을 제시하면 유효한 대리행위로 인정

(3) 현명하지 않은 행위의 효과

- 대리인은 착오 취소 불가능
- 표현대리 불성립

기출 지문 익힘

① 乙이 甲을 위한 행위임을 표시하지 않은 의사표시는 원칙적으로 (甲 / 乙)을 위한 것으로 본다.

② 甲의 대리인 乙이 대리행위의 표시 없이 甲의 이름을 사용하여 丙과 계약을 체결한 경우, 유효한 대리행위가 될 수 (있다. / 없다.)

③ 대리권이 없는 자가 본인을 위한 것임을 표시함이 없이 타인의 성명을 모용하여 체결한 계약은 표현대리가 성립할 수 (있다. / 없다.)

Answer   ① 乙   ② 있다   ③ 없다

21 | 대리권 남용

(1) 대리권 남용의 의의 및 효과

- 대리인이 자기 또는 제3자의 이익을 위하여 대리권을 함부로 사용하는 행위
- 대리권 남용은 성질상 유권대리

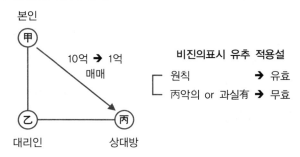

(2) 적용범위

- 법정대리인의 행위도 대리권 남용에 관한 비진의 표시 유추적용설 적용 가능
- 대리권을 남용하는 행위가 무효가 되는 경우에도 선의의 제3자에게 대항할 수 없다.

기출 지문 익힘

① 무효가 되는 대리권 남용행위는 성질상 (유권대리 / 무권대리)에 해당한다.

② 법정대리인의 대리행위가 본인에게는 손해가 되고 제3자에게 이익이 되는 행위이고 상대방이 그 사실을 알았거나 알 수 있었을 경우에는 (유효 / 무효)가 된다.

③ 대리권 남용행위에 진의 아닌 의사표시의 제3자 보호에 관한 민법 제107조 제2항이 적용될 수 (있다. / 없다.)

Answer   ① 유권대리   ② 무효   ③ 있다

22 ㅣ 대리행위의 하자 및 대리인의 능력

(1) **대리행위의 하자 판단**

- 원칙적 대리인 기준 판단
- 본인이 지시한 경우, 불공정 행위에서 궁박은 본인 기준

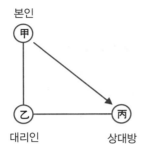

丙이 甲을 기망 ➔ 甲에게 취소권 ✕

丙이 乙을 기망 ➔ 甲에게 취소권 ○

甲이 丙을 기망 ➔ 丙에게 취소권 ○

乙이 丙을 기망 ➔ 丙에게 취소권 ○

(2) **대리인의 능력**

- 대리인은 행위능력 불필요
   cf) 대리인의 의사능력은 필요
- 대리인의 행위무능력을 이유로 한 취소 불가능

기출 지문 익힘

① 乙의 대리행위에 하자가 있는지 여부는 원칙적으로 (甲 / 乙)을 표준으로 결정한다.

② 대리행위 과정에서 丙이 乙을 기망한 경우, (甲 / 乙)은 취소권을 행사할 수 있다.

③ 乙이 미성년자인 경우, 甲은 대리인의 행위무능력을 이유로 매매 계약을 취소할 수 (있다. / 없다.)

Answer ① 乙 ② 甲 ③ 없다

23 | 복대리

(1) 복대리의 의의 및 성질
- 복대리인은 대리인이 자신의 이름으로 선임한 본인의 대리인
- 복대리인은 성질상 항상 임의대리인
- 복대리인 선임행위는 대리행위가 아님
- 대리인의 대리권 소멸하면 복대리인의 대리권도 소멸

(2) 복대리인 행위에 대한 대리인의 책임

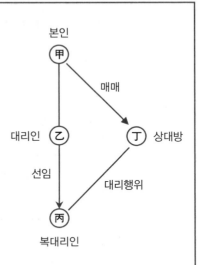

	복대리 선임	대리인의 책임
법정 대리인	乙자유	원칙 : 무과실 책임 부득이 : 선임·감독상 책임
임의 대리인	甲승낙 부득이	원칙 : 선임·감독상 책임 지명 : 감경된 책임

기출 지문 익힘

① 복대리인은 대리인이 자신의 이름으로 선임한 (본인 / 대리인)의 대리인이다.

② (법정 / 임의) 대리인은 본인의 승낙이나 부득이한 사유가 없으면 복대리인을 선임하지 못한다.

③ 법정대리인이 부득이한 사유로 복대리인을 선임하였다면, 복대리인의 행위에 대하여 (무과실 / 선임 감독상의) 책임을 부담한다.

④ 대리인이 파산선고를 받으며 그 대리인이 선임한 복대리인의 대리권은 (소멸한다. / 소멸하지 않는다.)

Answer ① 본인   ② 임의   ③ 선임 감독상의   ④ 소멸한다

24 | 협의의 무권대리

(1) 협의의 무권대리 규정 정리

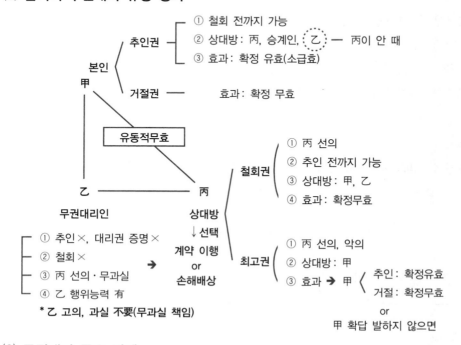

(2) 무권대리 주요 판례

- 본인이 무권대리인에게 추인을 한 후에도 그 사실을 **알지 못하는** 상대방은 철회권을 행사할 수 있다.
- 무권대리에 대한 추인은 묵시적인 방법으로도 가능하다. (대금 수령, 등기 이전 등) cf) 단순히 장기간 방치하는 것 만으로는 묵시적 추인이라고 할 수 없다.
- **일부추인**이나 **변경을 가한 추인**은 **상대방의 동의가 없는 한 무효이다.**
- 무권대리인이 본인을 상속한 경우 무권대리인은 본인의 지위에서 거절권을 행사할 수 없다.
- **무권리자 처분행위의 추인도 무권대리 추인과 마찬가지로 소급효가 있다.**
- 상대방의 철회권을 저지하기 위해서는 본인이 상대방의 악의를 입증하여야 한다.
- 무권대리 행위가 제3자의 기망이나 문서위조 등 위법행위로 야기되었다고 하더라도 **무권대리인의 상대방에 대한 책임은 부정되지 아니한다.** (무과실 책임)

25 | 표현대리

(1) 표현대리의 특징
- 유권대리 주장에 표현대리 주장 포함×
- 본인의 추인권, 상대방의 철회권, 최고권 인정
- 표현대리 인정되면 과실상계×
- 대리행위의 직접 상대방만 표현대리 주장 가능

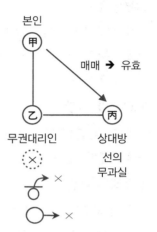

(2) 표현대리가 인정되지 않는 경우
- 강행규정 위반행위는 표현대리×
- 현명을 하지 않은 경우 표현대리×
- 대리권 수여표시 표현대리는 법정대리에 적용×

(3) 권한을 넘은 표현대리의 기본대리권
- 기본대리권과 권한을 넘은 행위는 동종 유사할 필요 없음
- 공법행위 대리권, 등기신청대리권, 일상가사대리권, 사자의 행위, 복대리인의 행위, 이미 소멸한 대리권

기출 지문 익힘

① 표현대리는 성질상 (유권대리 / 무권대리)에 해당한다.

② 표현대리에는 과실상계에 관한 규정이 (적용된다. / 적용되지 않는다.)

③ 강행규정에 위반한 법률행위는 표현대리에 의하여 유효로 될 수 (있다. / 없다.)

④ (복대리인의 행위 / 사자의 행위)를 기초로 하여 권한을 넘은 표현대리가 인정될 수 있다.

⑤ (공법행위 대리권 / 일상가사 대리권 / 소멸한 대리권)은 권한을 넘은 표현대리의 기본대리권이 될 수 있다.

Answer   ① 무권대리   ② 적용되지 않는다   ③ 없다   ④ 모두 가능   ⑤ 모두 가능

26 | 법률행위의 무효

(1) 일부무효
- 원칙적 전부무효(임의규정)
  - cf) 분할가능성有 + 가정적의사有 ⇒ 나머지 부분 유효
- 분할가능성 있을 때 일부취소 가능

(2) 무효행위 전환
- 다른 법률행위의 요건 갖추면 다른 법률행위의 효력 발생
- 불공정한 법률행위도 전환 가능

(3) 무효행위 추인
- 절대적 무효인 법률행위는 추인하여도 효력 없음
- 무효임을 알고 추인하면 새로운 법률행위(소급효×)
- 묵시적 추인 가능
- 취소한 법률행위를 다시 추인하는 것 가능

기출 지문 익힘

① (반사회적 법률행위에 / 통정허위표시에) 해당하여 무효인 법률행위는 당사자가 무효임을 알고 추인하면 새로운 법률행위로 본다.

② 무효인 법률행위를 당사자가 무효임을 알고 추인하면 (소급하여 / 추인한 때로부터) 효력이 발생한다.

Answer ① 통정허위표시   ② 추인한 때로부터

27 ㅣ 유동적 무효

(1) 유동적 무효 중의 법률관계

① 매매 계약상 권리 행사 불가능

② 허가신청절차 협력의무(청구권) 인정

    cf) 협력의무 위반시 계약해제권 부정

③ 계약금에 의한 해제 가능

④ 의사표시의 하자를 이유로 취소 가능

⑤ 계약금에 대한 부당이득반환청구 불가능

(2) 확정적 무효사유

  – 확정적 불허가 처분이 있는 경우

  – 처음부터 허가를 배제·잠탈하려는 경우

    예 중간생략등기, 명의도용

  – 당사자가 이행거절 의사를 명백히 한 경우

  – 정지 조건이 불성취로 확정된 경우

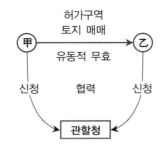

```
┌ 등기, 대금 이행청구 ×
└ 협력의무 이행청구 ○

┌ 대금지급 지체로 손배청구 ×
└ 협력의무 위반으로 손배청구 ○
```

기출 지문 익힘

① 甲은 (매매대금 미지급 / 허가신청절차 협력의무 불이행)을 이유로 乙에게 손해배상을 청구할 수 있다.

② 甲은 (대금 미지급을 이유로 / 협력의무 불이행을 이유로 / 계약금의 배액을 상환하면) 乙과의 매매 계약을 해제할 수 있다.

③ 매매 계약이 유동적 무효인 동안 乙은 甲에게 계약금의 반환을 청구할 수 (있다. / 없다.)

Answer   ① 허가신청절차 협력의무 불이행   ② 계약금 배액을 상환하면   ③ 없다

28 | 법률행위의 취소

(1) **취소권자**

① 제한능력자

② 착오한 자

③ 사기, 강박 당한자

④ 취소권자의 대리인

⑤ 취소권자의 승계인

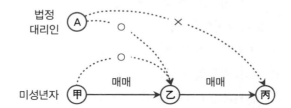

(2) **취소의 효과**

① 법률행위 소급적 무효

② 부당이득 반환 – 선의자 : 현존이익 한도 반환

　　　　　　　　– 악의자 : 전부 + 이자 + 손해배상

　　　　　cf) 제한능력자는 항상 현존이익 한도

(3) **취소권 행사기간(제척기간)**

– 추인할 수 있는 날로부터 3년 / 법률행위 한 날로부터 10년

기출 지문 익힘

① 법률행위를 취소하면 (처음부터 / 취소한 이후부터) 무효인 것으로 된다.

② 취소권 행사를 당연한 전제로 하는 소송상의 반환청구에는 취소의 의사가 포함된 것으로 볼 수 있다. (　　　)

③ 제한능력자가 취소권을 행사한 경우, 악의의 제한능력자는 받은 이익 전부에 이자를 가산하여 반환하여야 한다. (　　　)

④ 취소권은 추인할 수 있는 날로부터 (3년 / 10년), 법률행위를 한 날로부터 (3년 / 10년) 내에 행사하여야 한다.

Answer　　① 처음부터　　② ○　　③ ×　　④ 3년, 10년

29 | 취소할 수 있는 법률행위의 추인

> ### (1) 취소할 수 있는 법률행위의 추인 요건
> - 추인은 취소권자가 취소원인 종료 후에 하여야 함
>   - cf) 법정대리인은 취소원인 종료 전에도 추인 가능
> - 취소할 수 있음을 알고 추인하여야 함
> ### (2) 추인의 효과 : 추인 후에는 취소 불가능
> ### (3) 법정추인
>
> | | 취소권자 | 상대방 |
> |---|---|---|
> | 전부 또는 일부의 이행 | ○ | ○ |
> | 이행의 청구 | ○ | × |
> | 경개 | ○ | ○ |
> | 담보의 제공 | ○ | ○ |
> | 취득한 권리의 양도 | ○ | × |
> | 강제집행 | ○ | ○ |

기출 지문 익힘

① 법률행위를 추인한 이후에는 다시 이를 취소할 수 (있다. / 없다.)

② 취소권자의 법정대리인은 취소원인 종료 (전에도 / 후에만) 취소할 수 있는 법률행위를 추인할 수 있다.

③ 甲이 乙을 기망하여 매매 계약을 체결한 경우, 취소원인 종료 후에 (甲 / 乙)이 상대방에게 이행을 청구하였다면 추인의 효과가 발생한다.

④ 甲이 乙을 기망하여 매매 계약을 체결한 경우, 취소원인 종료 후에 (甲 / 乙)이 그 매매 계약을 통하여 취득한 권리를 제3자에게 양도하면 추인의 효과가 발생한다.

Answer ① 없다 ② 전에도 ③ 乙 ④ 乙

30 | 법률행위의 조건

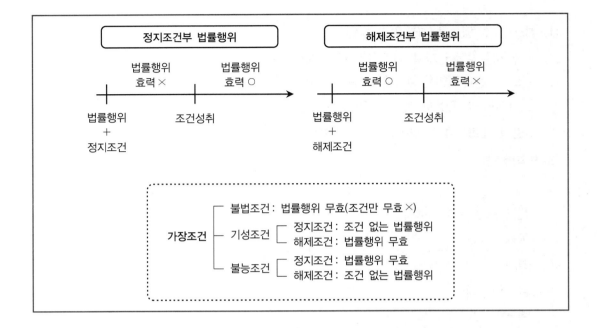

기출 지문 익힘

① 정지조건 있는 법률행위는 조건이 성취되면 (**법률행위가 성립한** / **조건이 성취한**) 때로 부터효력이 (**발생한다.** / **소멸한다.**)

② 법률행위의 조건이 선량한 풍속 기타 사회질서에 위반한 사항인 경우 (**그 법률행위는** / **조건만**) 무효로 된다.

③ 정지조건이 법률행위 당시에 이미 성취한 사실인 경우, (**조건 없는** / **무효인**) 법률행위가 된다.

④ 정지조건이 법률행위 당시에 이미 성취할 수 없는 것으로 확정된 사실인 경우, (**조건 없는** / **무효인**) 법률행위가 된다.

⑤ 조건부 권리는 조건의 성취 여부가 확정되기 전이더라도 처분할 수 (**있다.** / **없다.**)

Answer ① 조건이 성취한, 발생한다   ② 그 법률행위는   ③ 조건 없는   ④ 무효인   ⑤ 있다

31 | 법률행위의 기한

(1) **기한의 성질**
 - 장래에 발생이 확실한 사실
 - 기한은 부관에서 정한 사실의 발생이 불가능한 것으로 확인된 때에도 도래한 것
 - 기한 도래의 효과는 소급효 발생될 수 없음

(2) **기한의 이익**
 - 기한의 이익은 채무자를 위한 것으로 추정된다.
 - 기한의 이익은 포기할 수 있다. (상대방의 손해는 배상하여야 함)

(3) **기한이익 상실 특약**
 - 일반적으로 채권자를 위한 것
 - 불분명하면 형성권적 기한이익 상실특약으로 추정

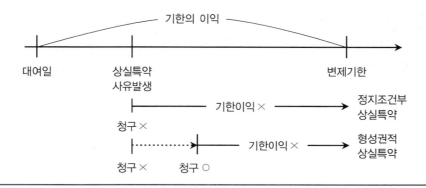

기출 지문 익힘

① (조건 성취 / 기한 도래)의 효력은 특약에 의하여 소급효가 발생될 수 있다.

② 기한의 이익은 (채무자 / 채권자)를 위한 것으로 추정된다.

③ 기한이익 상실특약은 특별한 사정이 없는 한 (정지조건부 / 형성권적) 기한이익 상실특약으로 추정된다.

Answer ① 조건 성취   ② 채무자   ③ 형성권적

박문각 공인중개사

물권법

물권법의 구성

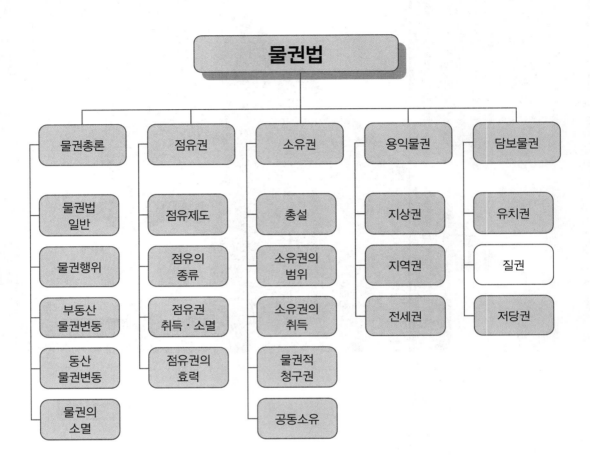

물권법

- 물권총론
  - 물권법 일반
  - 물권행위
  - 부동산 물권변동
  - 동산 물권변동
  - 물권의 소멸
- 점유권
  - 점유제도
  - 점유의 종류
  - 점유권 취득·소멸
  - 점유권의 효력
- 소유권
  - 총설
  - 소유권의 범위
  - 소유권의 취득
  - 물권적 청구권
  - 공동소유
- 용익물권
  - 지상권
  - 지역권
  - 전세권
- 담보물권
  - 유치권
  - 질권
  - 저당권

01 | 물권 일반

(1) 일물일권주의의 예외

- 용익물권은 토지나 건물의 일부에 설정될 수 있음
- 건물의 일부에 구분소유권 성립될 수 있음
- 명인방법 갖춘 수목이나 농작물은 토지와 독립한 물건으로 인정
- 집합물 양도담보권 설정 가능

(2) 물권법정주의

- 물권은 법률이나 관습법에 의하는 외에는 임의로 창설하지 못한다.
- 관습법상 물권 : 관습법상 법정지상권, 분묘기지권, 동산 양도담보권
  cf) 온천권, 사도통행권, 근린공원이용권, 미등기 매수인의 소유권 ➜ 물권✕
- 사용 수익 권능이 인정되지 않는 소유권이나 전세권 부정
- 건물의 사용을 목적으로 하는 지상권에 존속기간 부적용

기출 지문 익힘

① 토지의 일부에 (지상권 / 전세권 / 저당권)을 설정할 수 있다.

② (분묘기지권 / 온천권 / 근린공원이용권)은 관습법상 물권에 해당한다.

③ 소유자는 소유권의 사용 수익 권능만을 대세적으로 포기할 수 (있다. / 없다.)

Answer ① 지상권, 전세권 ② 분묘기지권 ③ 없다

02 | 물권적청구권 규정과 성질

(1) 물권적청구권에 관한 민법 규정

	소유권 지상권 전세권	저당권 지역권	점유권 유치권
반환청구권 (제213조)	○	×	×
방해제거청구권 (제214조)	○	○	×
방해예방청구권 (제214조)	○	○	×

(2) 물권적청구권의 성질

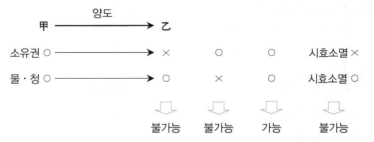

(3) 물권적청구권의 성질

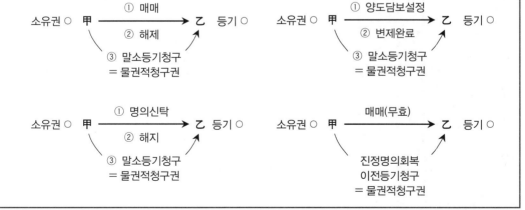

03 | 물권적청구권의 주체 및 상대방

(1) 물권적청구권의 주체

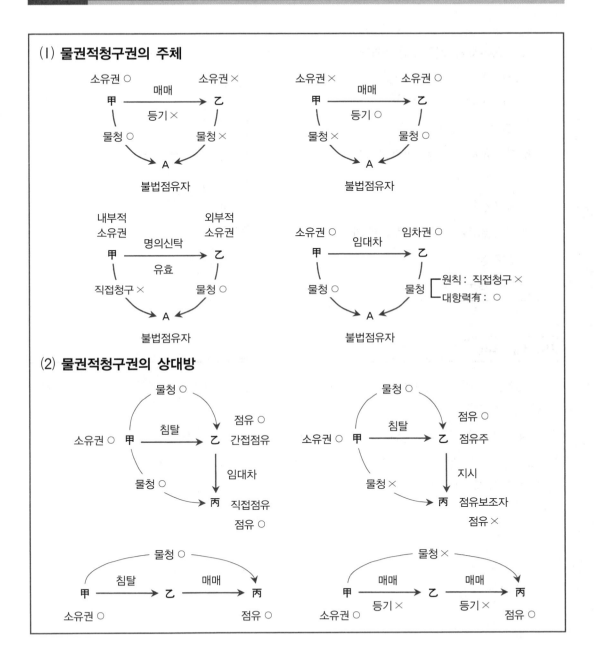

(2) 물권적청구권의 상대방

www.pmg.co.kr

04 | 무단건축 사례

(1) **토지소유자가 건물소유자에게**
  - 철거청구 ○
  - 퇴거청구 ×
  - 부당이득반환청구 ○

(2) **토지소유자가 건물 매수인에게**
  - 철거청구 ○
  - 퇴거청구 ×

(3) **토지소유자가 건물 임차인에게**
  - 철거청구 ×
  - 퇴거청구 ○

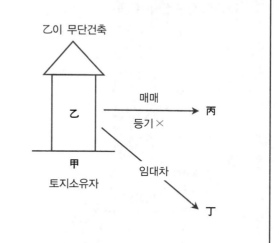

기출 지문 익힘

① 토지소유자 甲은 그 지상에 허락 없이 건물을 신축하여 소유하고 있는 乙에게 (철거 / 퇴거)를 청구할 수 있다.

② 토지 소유자는 무단건축된 건물의 매수인에게 건물의 철거를 청구할 수 있다. (   )

③ 토지 소유자는 무단건축된 건물의 철거를 위하여 필요한 경우, 지상 건물을 임차하여 사용하는 자에게 건물에서의 퇴거를 청구할 수 있다. (   )

Answer ① 철거 ② ○ ③ ○

05 | 부동산 물권변동

(1) **법률행위로 인한 부동산 물권변동**
- 원칙 : 등기 필요 **예** 협의 분할, 공유지분 포기 등
- 예외 : 등기 불필요 **예** 해제나 취소로 인한 매도인의 소유권 회복

(2) **법률규정에 의한 부동산 물권변동**
- 원칙 : 등기 불필요 **예** 법정지상권 취득, 법정갱신 등
- 예외 : 등기 필요 **예** 점유취득시효

(3) **성질상 등기가 필요 없는 경우**
- 점유권, 유치권, 분묘기지권
  - → 등기제도 없음
- 건물의 신축, 멸실
- 존속기간 만료로 인한 용익물권의 소멸
- 피담보채권 소멸로 인한 담보물권의 소멸

민법 제187조 물권변동 시점
① 상속 → 피상속인 사망시
② 공용징수 → 수용절차 완료시
③ 형성판결 → 판결 확정시
  - 공유물분할판결 → 판결 확정시
  - 등기이행판결 → 등기시
④ 공경매 → 경락대금완납시

기출 지문 익힘

① 매수인에게 소유권이전등기가 경료된 후에 매매 계약이 해제된 경우, 소유권이전등기가 말소 (되어야 / 되지 않아도) 매도인에게 소유권이 회복된다.

② 점유취득시효에 의한 부동산 소유권 취득의 효력은 등기 (하여야 / 하지 않아도) 발생한다.

③ 상속, 공용징수, 경매로 인한 부동산 물권변동의 효력은 등기 (하여야 / 하지 않아도) 발생한다.

④ 법정지상권을 (최초로 취득 / 양도 받아 취득) 하기 위하여 등기를 필요로 하지 않는다.

⑤ (형성판결 / 이행판결)이 확정되면 물권변동의 효력은 등기하지 않아도 발생한다.

⑥ (협의 / 판결)에 의하여 공유물이 분할되는 효과는 등기하지 않아도 발생한다.

Answer ① 되지 않아도 ② 하여야 ③ 하지 않아도 ④ 최초로 취득 ⑤ 형성판결 ⑥ 판결

06 | 부동산 등기

(1) **중복등기의 유효성**
- 동일인 명의 중복등기: 먼저 한 보존등기가 유효
- 등기 명의인이 다른 중복등기: 선 등기가 원인무효가 아닌 한 후 등기는 무효

(2) **실체관계에 부합하는 유효한 등기**
- 매수인 명의로 경료 된 소유권 보존등기
- 건물 완성 전에 경료 된 소유권 보존등기
- 존속기간 시작 전에 경료된 전세권 설정등기
- 진정명의 회복을 원인으로 하는 소유권 이전등기

(3) **무효등기의 유용**
- 사항란 무효등기 유용: 이해관계인 없으면 허용
- 표제부 등기 유용: 불가능 **예** 멸실 건물 보존등기를 신축 건물 보존등기로 유용 불가능

기출 지문 익힘

① 같은 부동산에 관하여 동일인 명의로 소유권 보존등기가 중복 된 경우 (먼저 / 나중에) 경료된 보존등기만이 유효가 된다.

② 신축 건물의 양수인 명의로 경료된 소유권 보존등기는 (유효 / 무효)이다.

③ 건물 완성 전에 경료 된 소유권보존등기는 그 후 등기와 일치하는 건물이 완성되면 (유효 / 무효)이다.

④ 존속기간이 개시되기 전에 경료 된 전세권 설정등기는 (유효한 / 무효인) 것으로 추정된다.

⑤ 甲이 1번 저당권, 乙이 2번 저당권을 설정 받은 경우, 甲의 저당권이 무효가 된 이후에 새롭게 발생한 채권을 위하여 甲의 저당권을 유용할 수 (있다. / 없다.)

⑥ 멸실된 건물의 소유권 보존등기를 그 후 신축한 건물의 보존등기로 유용하는 것은 (허용된다. / 허용되지 않는다.)

Answer ① 먼저 ② 유효 ③ 유효 ④ 유효한 ⑤ 없다 ⑥ 허용되지 않는다

07 | 중간생략등기

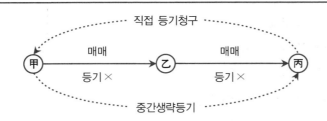

(1) **이미 경료된 중간생략등기의 효력**
 - 원칙적 유효(전원합의 유무와 무관)
 - 토지거래 허가구역 내에서는 무효

(2) **최종매수인의 최초매도인에 대한 등기청구**
 - 원칙적 직접등기청구 불가능
 - 전원합의 있으면 직접등기청구 가능

기출 지문 익힘

① 甲으로부터 丙에게로 직접 경료된 중간생략등기는 (토지거래허가구역에서는 / 전원합의가 없는 한) 효력이 없다.

② 당사자 전원의 합의가 없으면 丙은 (甲 / 乙)에게 직접 소유권이전등기를 청구할 수 없다.

③ 乙이 丙에게 소유권이전등기청구권을 양도하려면 甲의 동의가 (있어야 한다. / 없어도 된다.)

④ 丙이 乙로부터 X토지를 매수하여 점유를 계속하고 있다면, 乙의 甲에 대한 등기청구권은 소멸시효가 (진행된다. / 진행되지 않는다.)

⑤ 甲은 X토지를 乙로부터 미등기로 매수하여 점유하고 있는 丙에게 X토지의 반환을 청구할 수 (있다. / 없다.)

Answer ① 토지거래허가구역에서는   ② 甲   ③ 있어야 한다   ④ 진행되지 않는다   ⑤ 없다

08 | 등기청구권

(1) **등기청구권과 소멸시효**
- 물권적청구권인 경우 : 시효소멸 ×
- 채권적청구권인 경우 : 시효소멸 ○

(2) **매수인의 매도인에 대한 등기청구권 소멸시효**
- 매수인이 점유 사용하는 동안 소멸시효 진행 ×
- 매수인이 점유를 상실하면 소멸시효 진행 ○
- 매수인으로부터 전득한 자가 점유 사용하는 동안 소멸시효 진행 ×

(3) **등기청구권 양도**
- 매매를 원인으로 하는 이전등기청구권 양도 : 매도인 동의 필요
- 점유취득시효를 원인으로 하는 이전등기청구권 양도 : 소유자 동의 불필요

기출 지문 익힘

① 매매 계약을 해제한 매도인의 매수인에 대한 말소등기청구권은 성질상 (**물권적** / 채권적) 청구권이다.

② 채무 변제를 완료한 양도담보설정자의 양도담보권자에 대한 말소등기청구권은 성질상 소멸시효에 (걸린다. / 걸리지 않는다.)

③ 양자간 명의신탁의 신탁자가 수탁자에게 행사하는 말소등기청구권은 성질상 소멸시효에 (걸린다. / 걸리지 않는다.)

④ 매수인의 매도인에 대한 소유권이전등기청구권은 매수인이 목적물의 점유를 (계속하는 동안 / 상실하여도) 소멸시효가 진행되지 않는다.

⑤ (매수인 / 점유취득시효 완성자)의 소유권이전등기청구권은 등기의무자의 동의 없이 제3자에게 양도하지 못한다.

Answer   ① 물권적   ② 걸리지 않는다   ③ 걸리지 않는다   ④ 계속하는 동안   ⑤ 매수인

09 | 가등기

(1) **본등기 전**

    – 실체법상 효력 없음

      예 물권적청구권 행사 불가능

    – 가등기 양도 가능

(2) **본등기 후**

    – 순위비교 : 가등기 기준

    – 물권변동 : 본등기 기준

(3) **본등기청구권**

    – 가등기 당시의 소유자를 상대로 행사

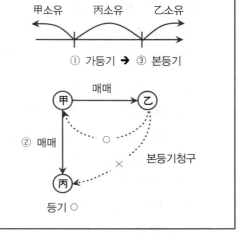

기출 지문 익힘

① 乙명의의 가등기에는 적법한 등기 원인이 존재할 것이라는 추정력이 (있다. / 없다.)

② 乙은 가등기에 기한 본등기청구권을 (甲 / 丙)에게 행사하여야 한다.

③ 乙이 가등기에 기한 본등기를 경료하면 乙은 (가등기 시점부터 / 본등기 시점부터)
X토지의 소유권을 취득하는 것이 된다.

Answer   ① 없다 ② 甲 ③ 본등기 시점부터

10 | 등기의 추정력

(1) **추정력이 인정되지 않는 등기**

- 표제부 등기, 가등기

(2) **추정력의 범위**

- 등기 원인, 절차, 권리 적법 추정
- 소유권이전등기가 원인 없이 말소된 것으로 밝혀진 경우 말소 전 최종명의인이 소유자로 추정
- 근저당권 설정등기 있으면 피담보채권 존재 추정 ○
  cf) 기본계약의 존재는 추정 ✕
- 대리인에 의한 등기가 있으면 대리권의 존재 추정 ○
- 등기명의자가 주장하는 것이 인정되지 않은 경우에도 추정력 유지
- 제3자 뿐만 아니라 전 소유자에 대해서도 추정 ○
- 보존등기 명의인이 신축하지 않은 경우 ⇒ 추정 ✕
- 사자로부터 경료 된 소유권이전등기 ⇒ 추정 ✕
  cf) 생존 중에 등기원인 완성되어 있었다면 추정력 有

갑구	
1	소유자 甲
2	소유자 乙
3	2번 말소

말소등기 합법: 甲소유 추정
말소등기 불법: 乙소유 추정

기출 지문 익힘

① (소유권이전등기 / 소유권이전등기 청구권 보전을 위한 가등기)가 경료되어 있으면 적법한 등기 원인이 있을 것이라고 추정된다.

② 말소등기가 원인 없이 이루어진 것으로 밝혀진 경우 권리소멸의 추정력이 인정 (된다. / 되지 않는다.)

③ 근저당권 설정등기가 경료되어 있으면 (피담보채권의 / 기본계약의) 존재가 추정된다.

④ 소유권이전등기의 추정력은 (전소유자 / 제3자)에게 주장할 수 있다.

Answer ① 소유권이전등기 ② 되지 않는다 ③ 피담보채권의 ④ 전소유자, 제3자

11 | 혼동에 의한 물권의 소멸

(1) **혼동으로 소멸하지 않는 권리**

- 점유권
- 가등기에 기한 본등기청구권

(2) **혼동의 개념**

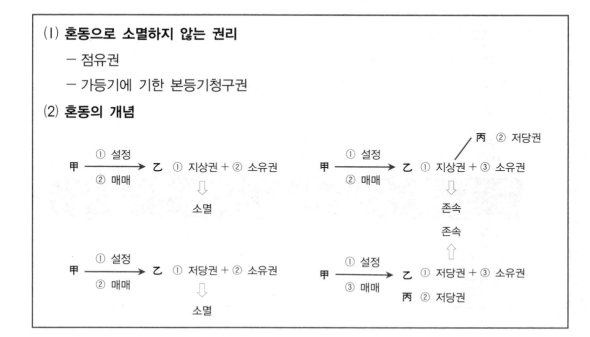

기출 지문 익힘

① (지상권 / 전세권 / 유치권 / 저당권 / **점유권**)은 혼동에 의하여 소멸하지 않는다.

② 지상권이 저당권의 목적인 경우, 지상권자가 토지의 소유권을 취득하면 지상권은 혼동으로 소멸한다. (   )

③ 부동산에 대하여 甲이 1번 저당권, 乙이 2번 저당권을 취득한 후 (甲 / 乙)이 그 부동산의 소유권을 취득한 경우 (甲 / 乙)의 저당권은 소멸하지 않는다.

④ 임차인 甲이 대항력을 취득한 이후에 乙이 저당권을 설정 받은 주택을 임차인이 (**상속으로** / **경매로**) 소유권을 취득한 경우 임차권은 혼동으로 소멸한다.

Answer   ① 점유권   ② ×   ③ 甲, 甲   ④ 경매로

12 | 점유의 개념

(1) **점유의 개념**
- 사실상의 지배 = 점유 cf) 물리적·현실적 지배 불필요
- 건물의 부지가 된 토지는 건물의 소유자가 점유자

(2) **관념적 점유**
- 간접점유자 : 타인에게 점유를 하게 한 자
- 점유보조자 : 타인의 지시를 받아 물건을 사실상 지배하는 자

	점유권	점유보호청구권	물권적 청구권의 상대방	자력구제
점유자	○	○	○	○
간접점유자	○	○	○	×
점유보조자	×	×	×	○

기출 지문 익힘

① 점유권이 인정되려면 물건에 대한 (사실상의 / 물리적인) 지배가 있어야 한다.

② 건물의 부지가 된 토지는 건물의 (소유자 / 점유자)가 점유자로 된다.

③ (간접점유자 / 점유보조자)도 점유보호청구권을 행사할 수 있다.

④ 甲의 지시를 받아 물건을 사실상 지배하는 乙은 소유물반환청구의 상대방이 될 수 (있다. / 없다.)

Answer ① 사실상의 ② 소유자 ③ 간접점유자 ④ 없다

13 ㅣ 자주점유와 타주점유

(1) 자주점유
- 자주점유란 소유의 의사가 있는 점유 **예** 매수인, 수증자 등
- 점유권원의 성질에 따라 객관적으로 판단
- 점유개시 시점을 기준으로 판단
- 권원의 성질이 불분명한 경우 자주점유로 추정

(2) 타주점유
- 타주점유란 소유의 의사가 없는 점유 **예** 지상권자, 전세권자, 임차인 등
- 분묘기지권자, 양자간 명의신탁의 수탁자의 점유는 타주
- 소유권이전 의무를 부담하는 매도인의 점유는 타주
- 공유자 중 1인의 점유는 다른 공유자의 지분 범위 내에서 타주
- 공부상 면적을 상당히 초과하여 매수한 토지의 인접지를 침범한 자는 타주
- 매매 계약이 무효임을 알고 매수한 매수인은 타주
- 계약형 명의신탁의 신탁자의 점유는 타주
- 악의의 무단점유로 입증 된 경우 타주

기출 지문 익힘

① 자주점유인지 여부는 (소유의 의사 유무로 / 점유권원의 성질에 따라 객관적으로) 결정한다.

② 부동산 매수인의 점유는 원칙적으로 (자주 / 타주)점유에 해당한다.

③ 공유자 중 1인의 공유물에 대한 점유는 (자기 / 다른 공유자의) 지분 범위에서는 자주점유에 해당한다.

④ 매매 계약이 무효인 경우에 그 사실을 (알고 / 모르고) 매수한 매수인의 점유는 타주점유에 해당한다.

⑤ 매수인이 인접한 토지의 일부를 침범하여 점유하는 경우, (항상 / 상당한 수준을 초과하여 침범하였다면) 타주점유에 해당한다.

Answer ① 점유권원의 성질에~ ② 자주 ③ 자기 ④ 알고 ⑤ 상당한 수준을 초과하여~

14 | 점유 성질의 전환

(1) 새로운 권원에 의한 자주점유로의 전환

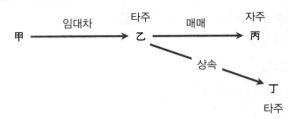

(2) 소의 제기와 점유의 성질 전환

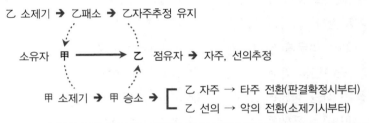

기출 지문 익힘

① 타주점유자로부터 목적물을 (매수하여 / 상속받아) 점유를 개시한 자의 점유는 자주점 유로 추정된다.

② 선의점유자라도 본권의 소에서 패소하면 (소 제기시 / 판결확정시)부터 악의 점유자로 본다.

③ 자주점유자라도 본권의 소에서 패소하면 (소 제기시 / 판결확정시)부터 타주 점유자로 본다.

④ 점유자가 소를 제기하여 자주점유를 주장하였으나 받아들여지지 않은 경우, 타주점유로 전환 (된다. / 되지 않는다.)

Answer ① 매수하여   ② 소 제기시   ③ 판결확정시   ④ 되지 않는다

54 민법·민사특별법

15 | 점유권 규정

(1) **점유의 취득**
 - 이전등기 ⟹ 그 무렵 점유 이전 ○
 - 보존등기 ⟹ 그 무렵 점유 이전 ×

(2) **점유의 승계**
 - 전 점유자의 점유를 분리 또는 병합하여 주장 가능
    cf) 상속인의 점유를 분리하여 주장할 수 없음
 - 전 점유자의 점유를 병합하여 주장하면 하자 승계

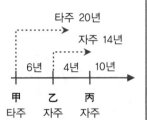

(3) **점유의 추정력**
 - 자주, 평온, 공연, 선의 추정 ○ / 무과실 추정 ×
 - 전후 점유자가 다른 경우에도 점유의 계속은 추정
 - 점유자의 권리적법 추정 규정은 등기된 부동산에 적용 ×

(4) **점유권에 관한 소는 본권에 관한 이유로 재판 不可**

기출 지문 익힘

① 점유자는 (자주 / 평온 / 공연 / 선의 / 무과실)에 의한 점유인 것으로 추정된다.

② 소유권 (보존 / 이전) 등기가 있으면 그 무렵 점유가 이전된 것으로 볼 수 있다.

③ 甲이 타주로 6년, 乙이 자주점유로 4년을 점유한 경우, 乙이 甲의 점유를 아울러 주장하면
 (자주 / 타주)로 10년간 점유한 것으로 된다.

④ (점유의 계속 / 점유자 권리의 적법)에 관한 규정은 등기된 부동산에는 적용하지 않는다.

Answer   ① 자주, 평온, 공연, 선의   ② 이전   ③ 타주   ④ 점유자 권리의 적법

16 | 점유자와 회복자의 관계

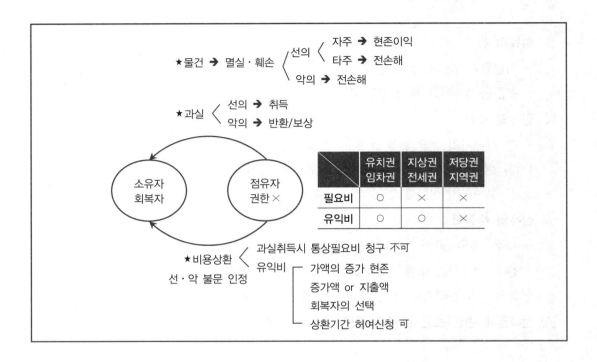

★물건 ➜ 멸실·훼손
  선의 ⎨ 자주 ➜ 현존이익 / 타주 ➜ 전손해
  악의 ➜ 전손해

★과실
  선의 ➜ 취득
  악의 ➜ 반환/보상

소유자 회복자 / 점유자 권한×

	유치권 임차권	지상권 전세권	저당권 지역권
필요비	○	×	×
유익비	○	○	×

★비용상환
선·악 불문 인정

과실취득시 통상필요비 청구 不可
유익비 ⎨ 가액의 증가 현존 / 증가액 or 지출액 / 회복자의 선택 / 상환기간 허여신청 可

기출 지문 익힘

① (선의 / 악의)의 점유자는 점유물로부터 발생한 과실을 취득할 수 있다.

② 점유자가 점유물을 사용 수익하였다면 통상의 필요비를 청구할 수 (있다. / 없다.)

③ 점유자가 점유물을 훼손한 경우, 점유자가 선의이며 (자주 / 타주) 점유자라면 현존이익의 한도에서 손해배상의 책임이 있다.

④ 점유자의 비용상환청구권은 점유자가 (선의 / 악의)인 경우에 인정된다.

⑤ 점유자가 지출한 유익비에 관하여는 그 가액의 증가가 현존하는 경우에 한하여 (점유자 / 회복자)의 선택에 좇아 그 지출금액이나 증가액의 상환을 청구할 수 있다.

Answer ① 선의   ② 없다   ③ 자주   ④ 선의, 악의   ⑤ 회복자

17 | 점유보호청구권

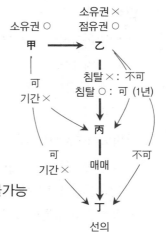

(1) 점유물반환청구권
- 침탈이 아닌 경우 (사기, 횡령) 불가능
- 선의의 특별승계인에게 불가능
- 1년이 경과한 후에 불가능
- 소송 외의 방법으로 불가능

(2) 점유물방해제거청구권
- 방해가 종료한 날로부터 1년 이내 손해배상청구
- 공사완료 또는 공사착수 후 1년 경과되면 제거청구 불가능

(3) 점유물방해예방청구권
- 방해예방 또는 손해배상의 담보청구
- 방해의 우려가 있는 동안 언제든지 예방청구 가능
- 공사완료 또는 공사착수 후 1년 경과되면 예방청구 불가능

기출 지문 익힘

① 점유자가 상대방의 사기에 의하여 점유를 이전한 경우, 점유물반환청구권을 행사할 수 (있다. / 없다.)

② 직접점유자가 간접점유자의 의사에 반하여 제3자에게 임의로 점유를 이전한 경우에는 점유물반환청구권이 인정 (된다. / 되지 않는다.)

③ 甲이 점유하는 물건을 乙이 침탈하여 이를 (선의 / 악의)의 丙에게 매도하여 점유를 이전한 경우, 甲은 丙에게 점유물반환청구권을 행사하지 못한다.

④ 점유물반환청구권의 행사기간은 성질상 (소멸시효 / 제척기간 / 출소기간)이다.

⑤ 점유자가 점유의 방해를 받을 우려가 있는 경우, 방해예방 (또는 / 과 함께) 손해배상의 담보를 청구할 수 있다.

Answer ① 없다 ② 되지 않는다 ③ 선의 ④ 제척기간, 출소기간 ⑤ 또는

18 | 주위토지통행권

(1) 인정 여부
- 명의신탁자는 주위토지통행권자가 될 수 없음
- 기존의 통로가 충분한 기능을 못할 때 ➜ 인정
- 기존 통로보다 편리하다는 이유로 ➜ 부정
- 공로에 접하는 통로가 신설되면 기존 통행권은 소멸

(2) 주위토지통행권의 내용
- 통행권의 정도는 장래 이용 상황 고려함 없이 결정
- 건축법상 도로 폭 만큼 통행로가 보장되지 않음
- 통행권자의 통행을 막는 건물 축조하면 철거의무 有
- 원칙적으로 통행지 소유자의 손해 보상 필요
- 통행권자 허락 얻어 통행하는 자에게 보상 청구 不可

(3) 무상의 주위토지통행권
- 분할 or 일부양도로 공로 통행 불가능 ➜ 무상통행
- 분할·일부양도의 당사자 사이에서만 무상

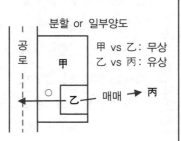

기출 지문 익힘

① 공로에 접하는 기존의 통로가 있으나 (그 통로가 충분한 기능을 하지 못하는 경우 / 그 통로보다 보다 편리하다는 이유로) 새로운 주위토지통행권이 인정될 수 있다.

② 통행지 소유자가 주위토지통행권에 방해가 되는 담장을 설치한 경우, 그 철거 의무를 부담한다. (   )

③ 공유 토지 분할로 인한 무상의 주위토지통행권이 성립한 경우, 포위된 토지의 특별승계인에게는 무상의 통행권이 (인정된다. / 인정되지 않는다.)

Answer   ① 충분한 기능을 하지 못하는   ② ○   ③ 인정되지 않는다.

19 | 취득시효 일반

(1) **부동산 취득시효의 종류**
- 점유취득시효 : 자주 · 평온 · 공연 점유 + 20년
- 등기부취득시효 : 등기 + 자주 · 평온 · 공연 · 선의 · 무과실 점유 + 10년

(2) **취득시효의 대상**
- 자기소유 부동산 ➔ 취득시효 가능
- 토지의 일부 ➔ 취득시효 가능
- 국유 일반재산 ➔ 취득시효 가능
- 공유 지분 ➔ 취득시효 가능
- 집합건물의 공용부분 ➔ 취득시효 불가능
- 점유권, 유치권, 저당권 ➔ 취득시효 불가능

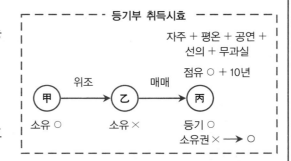

(3) **취득시효에 의한 소유권 취득의 효과**
- 점유개시 시점에 소급
- 성질상 원시취득

기출 지문 익힘

① (국유 행정재산 / 국유 일반재산 / 공유 지분 / 집합건물의 공용부분)은 취득시효의 대상이 될 수 있다.

② (지상권 / 지역권 / 저당권)은 취득시효에 의하여 취득할 수 없다.

③ 점유취득시효 완성자가 소유권이전등기를 경료 받으면 (점유개시 / 시효완성 / 등기) 시점에 소유권을 취득한 것으로 된다.

④ 등기부취득시효를 주장하는 자는 자신의 (선의 / 무과실)을 입증하여야 한다.

⑤ (무효등기 / 무효인 중복등기)로도 등기부 취득시효가 인정될 수 있다.

⑥ 등기부 취득시효를 주장하는 자는 전 등기 명의인의 등기 기간을 승계하여 주장할 수 (있다. / 없다.)

Answer ① 국유 일반재산, 공유 지분 ② 저당권 ③ 점유개시 ④ 무과실 ⑤ 무효등기 ⑥ 있다

20 | 점유취득시효 주요 개념

(1) 점유취득시효 기본개념

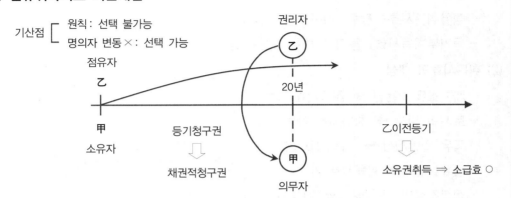

- 점유를 계속하는 동안 등기청구권의 소멸시효 진행×
- 점유를 상실하면 등기청구권의 소멸시효 진행○(즉시 소멸×)
- 등기청구권 양도하는 경우 소유자의 동의 불필요

(2) 당사자 변경과 점유취득시효에 의한 등기청구권

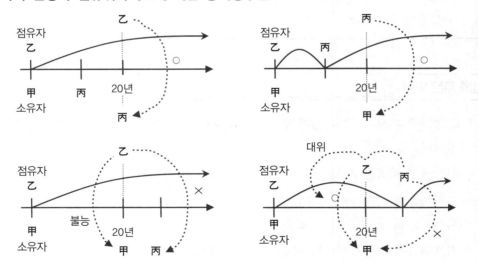

- 시효완성 전에 소유자 변경 : 변경된 소유자에게 등기청구 가능
- 시효완성 후에 소유자 변경 : 변경된 소유자에게 등기청구 불가능
- 시효완성 전에 점유자 변경 : 점유 기간 승계하여 등기청구 가능
- 시효완성 후에 점유자 변경 : 현 점유자는 시효완성자를 대위하여 등기청구 가능

21 | 점유취득시효 완성 후 등기 전의 법률관계

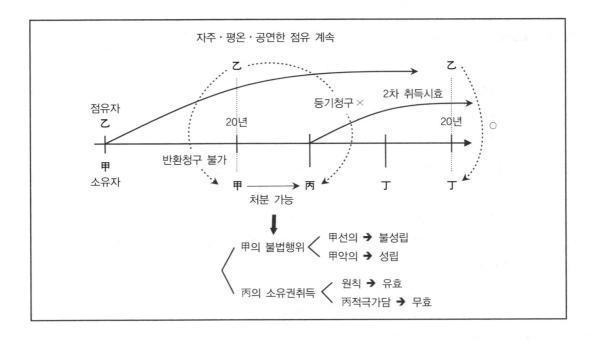

기출 지문 익힘

① 점유취득시효 완성 후에 甲은 乙에게 토지의 반환 또는 부당이득의 반환을 청구할 수 (있다. / 없다.)

② 乙은 시효완성 (이전에 / 이후에) 甲으로부터 X토지를 매수하여 등기를 이전 받은 丙에게 점유취득시효를 주장할 수 없다.

③ 甲이 시효완성 이후에 丙에게 X토지를 매도하고 등기를 이전해 주었다가 어떠한 이유로 甲이 등기 명의를 회복하였다면, 乙은 甲에게 취득시효를 원인으로 소유권이전등기를 청구할 수 (있다. / 없다.)

④ 甲이 취득시효 완성 사실을 알면서 제3자 丙에게 X토지를 처분하면, (채무불이행 / 불법행위)을(를) 원인으로 한 손해배상 책임을 진다.

22 ㅣ 기타 소유권 취득사유

> **(I) 무주물 선점, 유실물 습득, 매장물 발견**
>
>   ① 무주의 동산은 선점한 자의 소유 / 무주의 부동산은 국유
>
>   ② 유실물 습득 : 공고기간 6개월
>
>   ③ 매장물 발견 : 공고기간 1년
>
> **(2) 부합**
>
>   ① 부동산과 동산의 부합 ― 원칙 : 부동산 소유자 소유
>
>   ② 부동산과 부동산의 부합 : 판례상 인정
>
>   ③ 타인 토지에 건물 신축 : 건물은 신축자 소유(부합×)
>
>   ④ 건물의 증축 : 권한 ○ + 독립성 ○ : 증축 부분은 증축자의 소유(부합×)
>
>   ⑤ 타인 토지에 수목 식재
>
>   ― 권한 없는 식재 : 수목은 토지 소유자 소유(부합 ○)
>
>   ― 권한 있는 식재 : 수목은 식재자 소유(부합×)
>
>   ⑥ 타인 토지에 무단 경작한 농작물 : 경작자 소유(부합×)

기출 지문 익힘

① 무주의 (동산 / 부동산)은 소유의 의사로 먼저 점유한 자가 소유자가 된다.

② 유실물은 법률에 정한 바에 따라 공고한 후 (1년 / 6개월)이 경과하면 습득자가 소유권을 취득할 수 있다.

③ 부동산에 부합한 동산의 가격이 부동산의 가격을 초과하는 경우에 부합물의 소유권은 원칙적으로 (부동산 / 동산) 소유자가 취득한다.

④ 건물의 증축부분이 건물로서의 독립성을 갖추지 못하였다면 증축부분은 별개의 소유권으로 인정될 수 (있다. / 없다.)

⑤ 토지 (소유자 / 임차인)의 동의를 받아 식재한 수목은 식재자의 소유로 한다.

Answer ① 동산   ② 6개월   ③ 부동산   ④ 없다   ⑤ 소유자

23 | 공동소유 종합

	공유	합유	총유
인적 결합	×	조합체	비법인 사단
지분	공유 지분	합유 지분	×
지분 처분	자유	전원 동의	×
처분 변경	전원 동의	전원 동의	결의
사용 수익	지분 비율	조합 계약	정관 규약
관리 행위	지분 과반수	조합 계약	정관 규약
보존 행위	각자 단독	각자 단독	결의
분할 청구	자유	×	×

기출 지문 익힘

① (공유 / 합유) 지분은 다른 공동소유자의 동의 없이 자유롭게 처분할 수 있다.

② (공유자 / 합유자 / 총유자) 중의 1인은 각자가 다른 공동소유자의 동의 없이 보존행위를 할 수 있다.

③ 공유인 대지에 건물을 신축하기 위해서는 공유자 (지분 과반수의 / 전원의) 동의가 있어야 한다.

④ 과반수 지분의 공유자는 공유물에 대하여 불법행위를 하는 자에 대하여 (손해 전부의 / 지분의 비율로) 배상을 청구할 수 있다.

⑤ 공유물에 대한 임대차 계약을 체결하거나 해지하는 것은 공유자 (전원의 / 지분 과반수의) 동의를 필요로 한다.

⑥ 공유물에 대하여 제3자 명의로 원인무효의 소유권이전등기가 경료 된 경우, 공유자 중 1인은 다른 공유자의 동의 없이 그 등기 전부의 말소를 청구할 수 (있다. / 없다.)

Answer ① 공유 ② 공유자, 합유자 ③ 전원의 ④ 지분의 비율로 ⑤ 지분 과반수의 ⑥ 있다

24 │ 공유 사례

(1) **과반수 지분의 공유자가 점유하는 경우(합법 점유)**

   ① 다른 공유자들은 방해제거청구 ×

   ② 다른 공유자들은 지분의 비율로 부당이득반환청구 ○

(2) **과반수에 미달한 지분의 공유자가 점유하는 경우(불법 점유)**

   ① 다른 공유자들은 방해제거청구 ○

   ② 다른 공유자들은 지분의 비율로 부당이득반환청구 ○

(3) **제3자가 과반수 지분의 동의 없이 점유하는 경우(불법 점유)**

   ① 각 공유자들은 방해제거청구 ○

   ② 각 공유자들은 지분의 비율로 부당이득반환청구 ○

25 │ 주의해야 할 공유 사례

(1) **甲(2/3)이 乙(1/3)의 동의 없이 丙에게 공유물을 임대한 경우**

   ① 乙은 丙에게 방해제거청구 내지 인도청구 ×

   ② 乙은 甲에게 1/3 비율의 부당이득반환청구 ○(丙에게 ×)

(2) **甲(2/3)이 乙(1/3)의 동의 없이 丙에게 공유물을 매도한 경우**

   ① 매매 계약은 유효

   ② 丙의 등기는 2/3 유효, 1/3 무효(전부무효 ×)

(3) **甲(1/2)이 乙(1/2)의 동의 없이 점유하는 경우**

   ① 乙은 甲에게 공유물 점유배제청구 ○

   ② 乙은 甲에게 인도청구 ×

(4) **甲(4/6), 乙(1/6), 丙(1/6) 지분의 공유물에서 丙이 甲의 동의 없이 점유하는 경우**

   ① 甲은 丙에게 부당이득반환청구 4/6 ○, 공유물 점유배제청구 ○, 인도청구 ○

   ② 乙은 丙에게 부당이득반환청구 1/6 ○, 공유물 점유배제청구 ○, 인도청구 ×

26 | 공유물 분할청구 및 분할절차

(1) 공유물 분할청구

① 공유자는 원칙적으로 자유롭게 공유물의 분할을 청구할 수 있다.

② **분할금지특약**은 5년 내의 기간으로 할 수 있고, 갱신하더라도 **5년을 넘지 못한다.**

③ 분할금지특약을 등기하지 않으면 제3자에게 대항하지 못한다.

④ **공유물분할청구권**은 형성권으로서 **소멸시효에 의하여 소멸하지 않는다.**

(2) 공유물 분할절차(전원참여 필요)

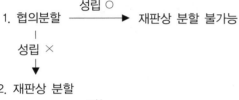

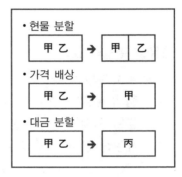

기출 지문 익힘

① 공유물의 분할을 금지하는 특약은 이를 등기 (하여야 / 하지 않아도) 제3자에게 대항할 수 있다.

② 공유물 분할에 관한 협의가 성립되었으나 이를 이행하지 않는 자가 있는 경우, 재판상 분할을 청구 할 수 (있다. / 없다.)

③ 재판에 의한 공유물 분할의 경우 (현물분할 / 경매에 의한 분할)을 원칙으로 한다.

Answer   ① 하여야   ② 없다   ③ 현물분할

27 | 공유물 분할의 방법 및 효과

(1) 공유물 분할의 방법

① 법원은 분할을 원하지 않는 공유자는 공유로 남기거나, 금전으로 경제적 가치의 과부족을 조정하는 방법으로 현물분할을 **명할 수 있다.**

　cf) 분할을 원하는 자(분할청구자)를 공유로 남기는 분할은 허용되지 않는다.

(2) 공유물 분할의 효과

① 공유물 분할과 물권변동
- **협의 분할의 경우 : 등기 필요**
- **분할 판결의 경우 : 등기 불필요**
- 재판상 분할 중에 공유물 분할의 협의가 성립된 경우 : 등기 필요

② 공유자는 다른 공유자가 **분할로 인하여** 취득한 물건에 대하여 그 **지분의 비율로 매도인과 동일한 담보책임을 진다.** (민법 제270조)

③ **공유 지분 위에 설정되어 있던 담보물권은 공유물이 분할된 뒤에도 종전의 지분비율 대로 공유물 전부 위에 그대로 존속하고, 담보물권 설정자 앞으로 분할된 부분에 집중되지 않는다.**

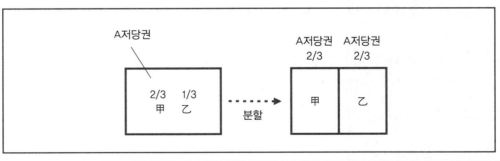

28 | 용익적 권리의 상호 비교

	지상권	전세권	임차권
목적물	토지	부동산 (토지, 건물)	물건 (부동산, 동산)
처 분	항상 자유 (금지특약 무효)	원칙적 자유 (금지특약 가능)	임대인 동의
사용대가 지급	지료 필수×	전세금 필수	차임 필수
최단 기간	30년/15년/5년	건물만 1년	민법 규정×
최장 기간	규정×	10년	위헌결정으로 폐지
법정 갱신	규정×	건물만 (6월~1월)	기간 만료 후 상당한 기간
기간 없을때 소멸 통고	규정×	6월 뒤	임대인 : 6월 임차인 : 1월
소멸(해지)청구	지료 2년 연체	사용 용도 위반	차임 2기 연체
지상물매수청구	지상권자 및 설정자	규정× (임대차 유추)	토지임차인
부속물매수청구	규정×	전세권자 및 설정자	건물임차인
비용상환청구권	필요비 : × 유익비 : ○	필요비 : × 유익비 : ○	필요비 : ○ 유익비 : ○

29 | 지상권의 의의 및 성질

(1) 지상권의 의의

지상권자는 타인의 토지에 건물 기타 공작물이나 수목을 소유하기 위하여 그 **토지를 사용하는 권리**가 있다. (제279조)

(2) 지상권의 성질

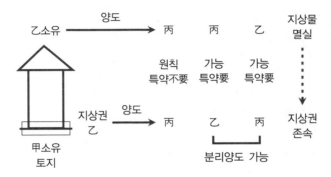

(2) 지상권의 존속기간

① 최단기간 — **견고한 건물** 또는 **수목**의 소유 목적 ➜ 30년
　　　　　 — **일반 건물**의 소유 목적 ➜ 15년
　　　　　 — 건물 이외의 **공작물**의 소유 목적 ➜ 5년

② 최장기간에 관한 제한규정이 없어서 **영구무한의 지상권도 가능하다.**

③ 지상물의 종류와 **구조를 정하지 않은 때**에는 존속기간은 **15년**으로 한다.

④ 기존 **건물**의 사용을 위하여 설정한 **지상권** ➜ 기간 규정 적용×

기출 지문 익힘

① 지상권자는 토지소유자의 동의 없이 지상권을 제3자에게 양도할 수 (있다. / 없다.)

② 지상권자는 지상권을 지상건물의 소유권과 분리하여 양도할 수 (있다. / 없다.)

③ 지상 건물이 멸실되면 그 건물을 위한 지상권은 소멸 (한다. / 하지 않는다.)

Answer　① 있다　② 있다　③ 하지 않는다

30 ㅣ 지상권의 지료 및 소멸청구

(1) 지상권의 지료

① 지상권에서 **지료는 필수 요소는 아니다.**

② 지료에 관한 약정이 있는 경우에도 **지료를 등기하지 않으면 제3자에게 대항하지 못한다.**

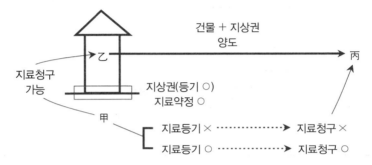

(2) 지료 연체로 인한 지상권 소멸청구

① 지상권자가 **2년 이상의 지료를 지급하지 아니한 때에는** 지상권설정자는 지상권의 소멸을 청구할 수 있다. (제287조)

② 지상권이 저당권의 목적인 때 또는 그 토지에 있는 건물·수목이 저당권의 목적인 때에는 지상권 소멸청구는 저당권자에게 통지한 후 상당한 기간이 경과함으로써 그 효력이 생긴다. (제288조)

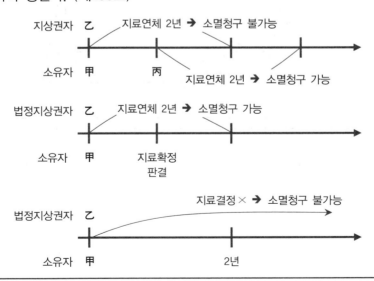

31 | 담보지상권 및 구분지상권

(1) **담보지상권**(나대지에 대하여 채권담보 목적으로 저당권과 지상권을 함께 설정한 경우)

① 채권이 소멸하면 담보지상권도 소멸한다.

② 담보지상권이 설정된 토지는 토지소유자가 사용할 수 있다.

③ 담보지상권자는 토지를 사용하는 자에게 손해배상을 청구하지 못한다.

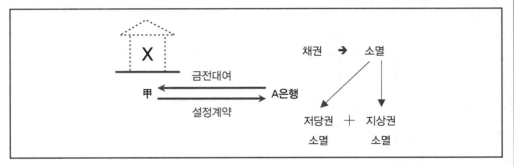

(2) **구분지상권**(지하 또는 지상의 공간에 **범위를 정하여 설정된 지상권**)

① **수목의 소유를 위한 구분지상권은 인정되지 않는다.**

② 제3자가 토지를 사용 수익할 권리를 가진 때에도 그 권리자 및 그 권리를 목적으로 하는 권리를 가진 자 전원의 승낙이 있으면 **구분지상권을 설정할 수 있다.**

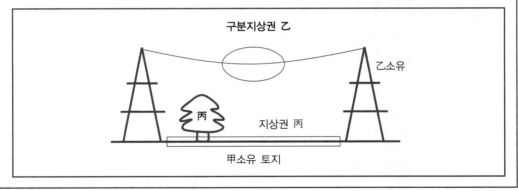

32 | 분묘기지권

(1) 분묘기지권의 개념 및 요건

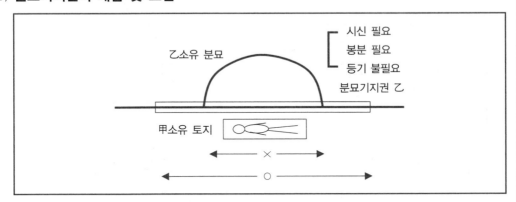

(2) 분묘기지권의 취득 유형과 지료지급 의무

① 장사 등에 관한 법률 시행 전에 분묘를 설치하고 20년간 분묘 수호하여 시효취득한 경우

➜ 토지소유자가 지료를 청구한 날부터 지료지급

② 자신의 토지에 분묘를 설치하고 토지를 양도하면서 분묘이전 특약하지 않은 경우

➜ 분묘기지권이 성립한 날부터 지료지급

③ 토지 소유자의 동의를 얻어 타인의 토지에 분묘를 설치한 경우

➜ 분묘기지권이 성립한 날부터 지료지급

(3) 분묘기지권의 범위 및 존속기간

① 분묘기지 그 자체뿐만 아니라 **분묘 주위의 공지도 포함** 될 수 있다.

② **법령상 분묘면적 제한** 규정은 분묘기지권의 범위에 관해서는 **그 적용이 없다.**

③ **쌍분, 합장** 등으로 분묘를 신설하거나 기존의 분묘를 **이장**하는 것은 **불가능하다.**

④ 민법상 지상권의 존속기간에 관한 규정은 분묘기지권에 관해서는 적용하지 않고, **분묘의 수호와 봉사를 계속하는 한 분묘기지권은 존속한다.**

33 ┃ 법정지상권과 관습법상 법정지상권의 특징

(1) 법정지상권의 유형

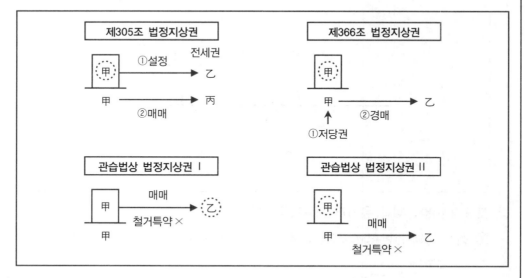

(2) 법정지상권과 관습법상 법정지상권의 공통점
① 토지와 건물의 소유자가 동일하다가 달라지는 현상이 있을 때 건물 소유자가 취득한다.
② 지료가 협의 되지 않으면 당사자의 청구에 의하여 법원이 정한다.
③ 미등기 무허가 건물을 위한 (관습법상) 법정지상권도 인정될 수 있다.
cf) 가설 건축물을 위한 법정지상권은 인정되지 않는다.
④ (관습법상) 법정지상권 취득에는 등기를 필요로 하지 않는다.
⑤ (관습법상) 법정지상권 처분에는 등기를 필요로 한다.

(3) 법정지상권과 관습법상 법정지상권의 차이점
① 법정지상권 포기특약 : 무효
② 관습법상 법정지상권 포기특약 : 유효

34 ┃ 민법 제366조 법정지상권 주요 판례

(1) **저당권 설정 당시 토지와 건물의 소유자 동일 관련**

① 토지에 저당권 설정 당시 건물× ➜ 법정지상권×

② 토지에 저당권 설정 당시 미등기, 무허가, 미완성 건물 존재 ➜ 법정지상권 ○

③ 토지와 건물 함께 매수하고 토지만 등기하여 저당권 설정 ➜ 법정지상권×

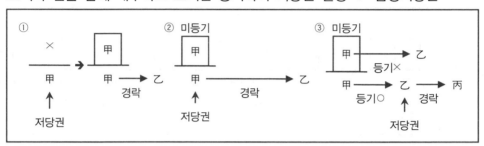

(2) **지상 건물의 철거 관련**

① 토지에 저당권 설정 후 지상 건물 철거 신축 ➜ 구 건물 기준 법정지상권 ○

② 토지와 건물에 공동저당권 설정 후 지상 건물 철거 신축 ➜ 법정지상권×

③ 토지와 건물에 공동저당권 설정 후 지상 건물 철거× ➜ 법정지상권 ○

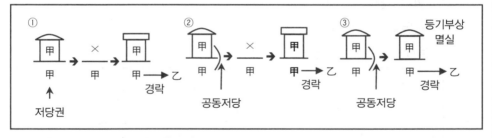

35 | 관습법상 법정지상권 주요 판례

(1) 토지와 건물의 소유자가 동일인지 여부 판단 시점

① 토지와 건물의 소유자가 원시적으로 동일인일 필요 없음

② 토지에 대한 강제경매의 경우 가압류 또는 저당권 설정 당시를 기준으로 동일인 소유 판단

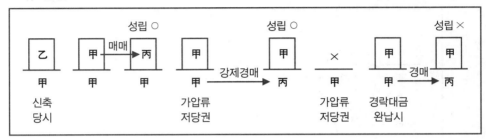

(2) 관습법상 법정지상권 주의 할 판례

① 환지, 환매 ➔ 관습법상 법정지상권 ✕

② 토지에 대한 임대차 계약 체결 ➔ 관습법상 법정지상권 ✕

③ 토지 공유 관련

  − 원칙 : 성립 ✕

  − 공유물 분할로 인한 경우 : 성립 ○

④ 건물 공유 관련 ➔ 성립 ○

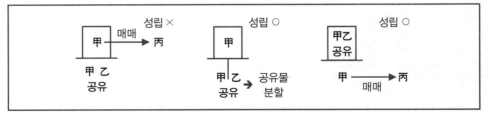

⑤ 구분소유적 공유 토지 관련

  − 자기 소유 지역에 건물 신축한 경우 ➔ 성립 ○

  − 타인 소유 지역에 건물 신축한 경우 ➔ 성립 ✕

36 | 법정지상권 성립 후 사례

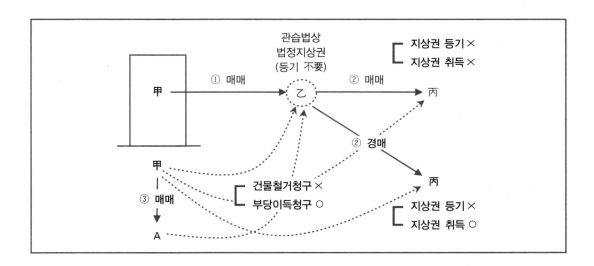

기출 지문 익힘

① 乙은 지상권 취득의 등기를 (하여야 / 하지 않아도) 甲으로부터 토지를 양수한 丙에게 대항할 수 있다.

② 甲은 乙로부터 건물을 매수하여 사용하고 있는 丁은 지상권 취득의 등기를 (하여야 / 하지 않아도) 지상권을 취득할 수 있다.

③ 乙로부터 건물을 경락받은 자는 지상권 취득의 등기를 (하여야 / 하지 않아도) 지상권을 취득할 수 있다.

④ 甲은 특별한 사정이 없는 한 乙로부터 건물을 매수하여 사용하고 있는 丁에게 건물의 철거를 청구할 수 (있다. / 없다.)

⑤ 甲은 특별한 사정이 없는 한 乙로부터 건물을 매수하여 사용하고 있는 丁에게 토지 사용에 대한 부당이득의 반환을 청구할 수 (있다. / 없다.)

Answer ① 하지 않아도 ② 하여야 ③ 하지 않아도 ④ 없다 ⑤ 있다

37 | 지역권

(1) 지역권의 의의 및 특징

① 지역권자는 일정한 목적을 위하여 타인의 토지를 자기토지의 편익에 이용하는 권리가 있다. (제291조)

② 지역권자는 승역지를 점유하지 않으므로 다른 권리를 배제하는 성질이 없다.

③ 지역권에는 지료나 존속기간에 관한 규정이 없다.

④ 요역지와 승역지는 인접할 필요가 없다.

(2) 지역권과 요역지의 부종성

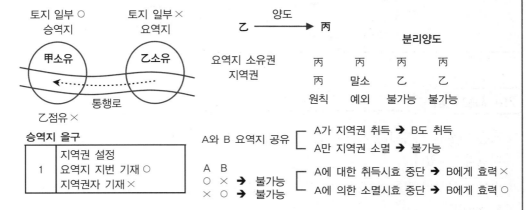

(3) 지역권 시효취득 및 시효소멸

① 계속되고 표현된 지역권에 한하여 시효취득 가능하다.

② 통행지역권 시효취득하려면 스스로 통로를 개설하여 통행하여야 한다.

③ 통행지역권을 시효취득한 자는 승역지 소유자의 손해를 보상하여야 한다.

④ 지역권은 20년간 행사하지 않으면 시효로 소멸한다.

(4) 지역권자의 물권적청구권

① 반환청구권 ➔ ×

② 방해제거청구권, 방해예방청구권 ➔ ○

38 | 전세권

(1) 전세권의 의의 및 특징

① 전세권자는 **전세금을 지급**하고 타인의 **부동산**을 점유하여 그 부동산의 **용도에 좇아 사용·수익**하며, 그 부동산 전부에 대하여 후순위권리자 기타 채권자보다 **전세금의 우선변제를 받을 권리**가 있다. (제303조 제1항)

② **농경지는 전세권의 목적으로 하지 못한다.**

③ 토지나 건물의 일부에 전세권을 설정할 수 있다.

④ 전세금은 전세권의 필수요소이다. 기존의 채권으로 전세금의 지급을 갈음할 수 있다.

(2) 전세권의 존속기간

① 최단기간 ➜ 건물 1년(토지 ×)

② 최장기간 ➜ 토지, 건물 모두 10년

③ 기간 약정 없는 경우 ➜ 소멸통고 후 6개월 뒤 소멸(전세권설정자, 전세권자 동일)

(3) 건물 전세권의 법정갱신(토지 ×)

① 기준 ➜ 존속기간 만료 전 6개월부터 1개월 사이

② 효과 ➜ 조건은 동일, 기간은 정함이 없는 것으로 연장

(4) 전세권자의 권리

① 물권적청구권 ○, 상린관계 규정 적용 ○

② 지상물매수청구권 ○, 부속물매수청구권 ○

③ 비용상환청구권(필요비 × / 유익비 ○)

④ 경매 및 우선변제권 ○

　　cf) 일부전세권자 ➜ 전체 경매 × / 우선변제 ○

(5) 전세금 반환

목적물 반환 + 전세권 말소등기서류교부 vs 전세금 반환 ➜ 동시이행

39 ㅣ 전세권 처분 및 전전세

(1) **전세권의 당사자 변경 문제**

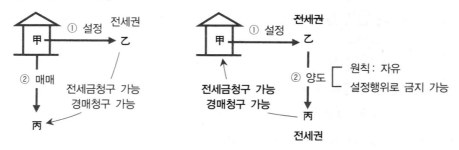

(2) **전세권과 전세금반환채권의 분리양도 문제**

① 전세권을 전세금반환채권과 분리양도 ➜ 불가능

② 전세금반환채권을 전세권과 분리양도

- 전세권 존속 중 ➜ 확정적 분리양도 불가능

    cf) 전세권 소멸을 정지조건으로 분리양도 가능

- 전세권 소멸 후 ➜ 가능

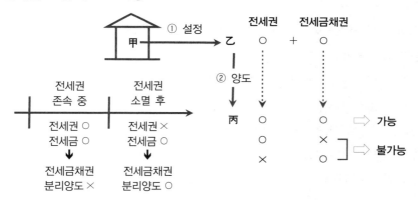

(3) **전전세, 임대**

① 원전세권의 범위 내에서 자유롭게 전전세, 임대 가능

② 전전세 하지 않았으면 면할 수 있었을 불가항력으로 인한 손해도 책임 부담

40 ㅣ 전세권의 담보물권적 성질 관련 판례

(1) 채권담보 목적의 전세권

① 전세권자의 사용 수익 권능을 배제하지 않는다면 목적물을 인도받지 않고 채권담보 목적으로 전세권을 설정하는 것도 가능하다.

② 전세권의 사용 수익 권능을 영구적으로 배제하고 채권 담보 목적으로만 전세권을 설정하는 것은 허용되지 않는다.

③ 임대차 보증금 채권을 담보할 목적으로 설정된 전세권은 임대차 계약과 양립할 수 없는 범위에서는 무효이다.

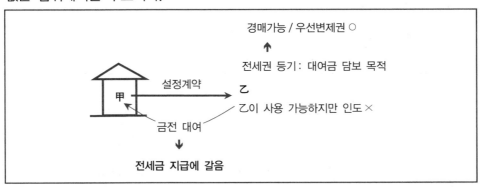

(2) 전세권부 저당권

① 전세권이 존속기간 만료로 소멸한 경우, 전세금채권이 압류되지 않은 이상 전세권설정자는 전세권자에게 전세금 반환의무를 이행하여야 한다.

② ①의 경우 전세권을 목적으로 저당권을 취득한 자는 전세권 자체에 대하여 저당권을 실행할 수 없고 **전세금반환채권을 압류하여 물상대위를 할 수 있을 뿐이다.**

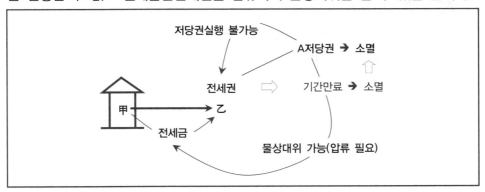

41 | 유치권의 성립요건

(1) **타인 소유의 물건 또는 유가증권**

- 채무자 소유, 제3자 소유 ➜ 유치권 ○
- 동산, 부동산 ➜ 유치권 ○
- 채권자 자기 소유물(수급인 소유 신축건물) ➜ 유치권 ✕
- 건물이 완성되기 전에 공사가 중단된 경우 ➜ 유치권 ✕

(2) **물건과 채권의 견련관계**

- 공사대금, 수리대금, 비용상환청구권 ➜ 유치권 ○
- 보증금, 권리금, 매매대금 ➜ 유치권 ✕
- 점유와 채권의 견련관계는 필요 없다.

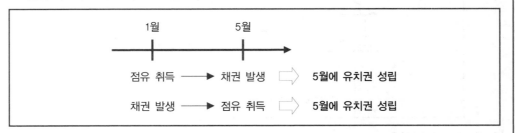

(3) **적법한 점유**

- 직접점유, 간접점유 ➜ 유치권 ○
- 채무자가 직접점유자인 경우 ➜ 유치권 ✕
- 불법점유(임대차 종료 후 비용 지출) ➜ 유치권 ✕

(4) **채권의 변제기 도래**

- 유익비 상환기간 허여가 있는 경우 ➜ 유치권 ✕

(5) **유치권 포기특약의 부존재**

- 임대차 종료시 원상복구 특약을 한 경우 ➜ 유치권 ✕
- 유치권 포기특약의 효력은 당사자 이외의 자도 주장할 수 있다.

42 ㅣ 유치권의 효력 및 소멸

(1) **유치권자의 권리**
- 인도거절 권능 ○
- 경매권 ○ / 우선변제권 × / 물상대위권 ×
- 간이변제충당권 ○
- 과실수취권 ○
- 비용상환청구권(필요비 ○ / 유익비 ○)
- 보존을 위한 사용 ○

(2) **유치권자의 의무**
- 선량한 관리자의 주의 의무
- 보존을 넘는 사용금지 의무

(3) **유치권 소멸사유**
- 유치권자의 의무 위반시 소멸청구에 의한 소멸
- 다른 담보 제공에 의한 유치권 소멸
- 점유 상실하면 유치권 소멸
- 유치권의 행사는 피담보채권의 소멸시효 진행에 영향을 미치지 않는다.

기출 지문 익힘

① 유치권자는 (유치물을 경매할 수 / 유치물의 경매에서 채권을 우선변제 받을 수) 있다.

② 유치권자는 유치권의 목적물이 소실되면서 발생한 화재보험금 채권에 대하여 유치권을 행사할 수 (있다. / 없다.)

③ 유치권을 행사하는 동안에 피담보채권의 소멸시효는 (진행할 수 없다. / 진행할 수 있다.)

Answer ① 유치물을 경매할 수 ② 없다 ③ 진행할 수 있다

43 ㅣ 유치권 사례 정리

(1) **여러 세대 공사하고 한세대만 점유하는 경우**

　－ 공사대금 전부를 피담보채권으로 유치권 가능

(2) **유치물을 경매하는 경우**

　－ 유치권자 경매 ○ / 우선변제 × / 물상대위 ×

　－ 유치권자는 경락인에게 인도거절 ○ / 변제청구 ×

　　cf) 경매개시 후에 성립한 유치권으로는 경락인에게 대항할 수 없다.

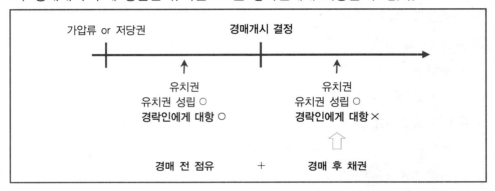

(3) **유치권자가 유치물에 거주하는 경우**

　－ 소유자의 소멸청구 ×

　－ 소유자의 부당이득반환청구 ○

(4) **유치권자가 동의 없이 제3자에게 유치물을 임대한 경우**

　－ 소유자의 소멸청구 ○

　－ 임차인은 임차권으로 대항 ×

(5) **유치권자가 제3자에게 유치물의 보관을 위탁한 경우**

　－ 위탁 받은 자도 소유자에게 반환을 거절할 수 있다.

44 | 저당권설정계약의 의의 및 성질

(1) **저당권의 의의**

저당권자는 채무자 또는 제3자가 점유를 이전하지 아니하고 채무의 담보로 제공한 부동산에 대하여 다른 채권자보다 자기채권의 우선변제를 받을 권리가 있다. (제356조)

(2) **저당권설정계약의 당사자**

① 저당권자
- 원칙 : 저당권자 = 채권자
- 예외 : 합의 + 채권의 실질적 귀속 ➔ 제3자 명의의 저당권 설정 가능

② 저당권설정자 : 채무자 또는 제3자(물상보증인)

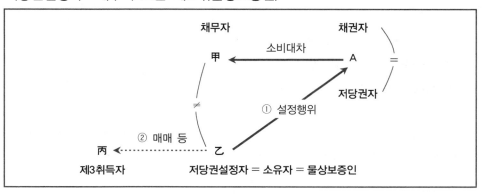

(3) **저당권의 객체**

① 부동산, 공유지분에 저당권 설정 ○

② 토지의 일부, 지역권에 저당권 설정 ×

(4) **불법말소 된 저당권설정등기의 회복**

① 경매 완료 전 ➔ 회복등기 청구 ○

② 경매 완료 후 ➔ 회복등기 청구 ×

45 | 저당권의 효력 범위

(1) **목적물의 범위**

　① 부합물, 종물, 종된 권리
　　- 저당권 설정 전 ➔ ○
　　- 저당권 설정 후 ➔ ○
　② 과실(차임채권)
　　- 압류 전 ➔ ×
　　- 압류 후 ➔ ○

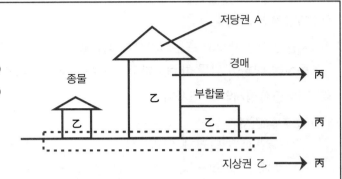

(2) **피담보채권의 범위**

　① 원본
　② 이자 ➔ 등 기 된 것 만
　③ 위약금 ➔ 등 기 된 것 만
　④ 지연배상금 ➔ 이행기 경과 후 1년분만
　⑤ 실행비용

	1년차 지연배상금	2년차 지연배상금
① 저당권 A 2억	4천만원	4천만원
② 저당권 B 1억	2천만원	2천만원

1순위 ➔ A 2억 4천만원
2순위 ➔ B 1억 2천만원
3순위 ➔ A와 B가 4 : 2 비율로 안분

기출 지문 익힘

① 저당권은 효력은 저당권 설정 (전 / 후)에 부합된 물건과 종물에도 미친다.

② 저당권의 효력은 저당목적물에 대한 압류의 효력이 발생 (하기 전 / 한 후)에 저당목적물에서 발생한 차임채권에도 미친다.

③ 건물에 설정 된 저당권의 효력은 그 건물을 위한 지상권에 (미친다. / 미치지 않는다.)

④ (저당권 / 근저당권)으로 우선변제 받을 수 있는 지연배상금은 이행기를 경과한 후 1년분에 한한다.

Answer ① 전, 후 ② 한 후 ③ 미친다 ④ 저당권

46 | 물상대위, 일괄경매청구

(1) 물상대위

① 대체물(수용보상금, 화재보험금, 전세금 등) 지급 전에 압류 필요

② 제3자가 압류한 경우에도 물상대위 가능

③ 매매대금, 협의취득 보상금 ✕

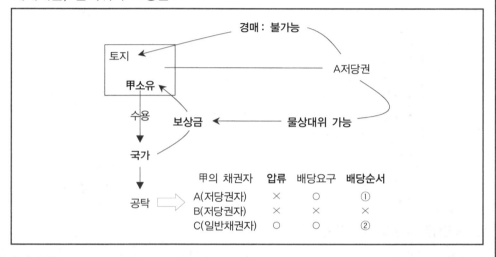

(2) 일괄경매청구권

① 요건 토지에 저당권 설정당시 나대지, 경매 당시 토지와 건물이 동일인 소유

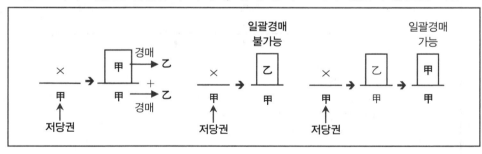

② 일괄경매청구권 ➜ 선택 ○, 의무 ✕

③ 건물 매각대금에서 우선변제 ✕

47 | 저당권 실행

(1) 경매 배당 순위

	권리의 내용	배당 방법
①	• 경매비용 • 제3취득자의 비용상환청구권 • 최우선 변제 • 당해세	성립 순서에 관계없이 최우선 배당
②	• 저당권 • 전세권 • 가등기담보(양도담보)권 • 대항력과 확정일자를 갖춘 주택 　(상가)임대차의 보증금 • 국세(당해세 제외)	성립 순서에 따라 순위배당
③	• 일반채권 • 유치권	채권액에 따라 안분배당

(2) 저당권 실행과 용익권의 관계

경매로 항상 소멸하는 권리 ➜ 저당권, 가등기(양도)담보권

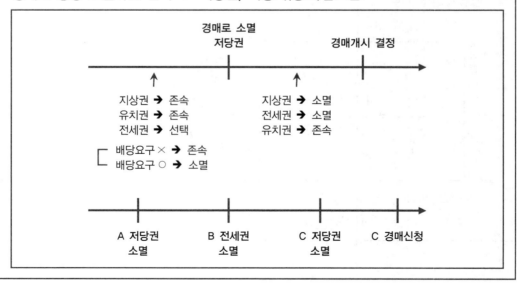

48 ┃ 저당물의 제3취득자

(1) **제3취득자의 개념**

　저당권 설정 후에 소유권, 지상권, 전세권을 취득한 자

　cf) 후순위 저당권자 ✕

(2) **제3취득자 보호제도**

　① 경락인이 될 수 있다.

　② 채무자가 반대하더라도 선순위 저당권에게 대위변제할 수 있다.

　③ 비용을 우선상환받을 수 있다.

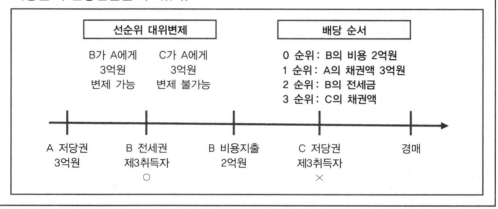

기출 지문 익힘

① 저당권이 설정된 후에 (소유권 / 지상권 / 전세권 / 저당권)을 취득한 자는 채무자의 반대에도 불구하고 선순위 저당권의 피담보채무를 대위변제 할 수 있다.

② 저당권이 설정된 이후에 전세권을 취득한 자는 선순위 저당권에 우선하여 (전세금을 / 목적물에 지출한 비용을) 우선상환 받을 수 있다.

Answer　① 소유권, 지상권, 전세권　② 목적물에 지출한 비용을

49 | 저당권 침해의 구제 등

(1) **저당권 침해의 구제 방법**
① 물권적청구권
 － 반환청구 × / 방해제거청구 ○ / 방해예방청구 ○
② 손해배상청구권
 － 피담보채권의 부족이 있을 때 청구 가능
③ 즉시변제청구권
④ 담보물보충청구권
 － 저당권설정자의 책임 있는 사유로 담보물이 훼손된 경우에 인정
 － 손해배상청구권이나 즉시변제청구권과 함께 행사할 수 없음
(2) **저당권의 처분**
① 저당권은 피담보채권과 분리하여 양도하지 못한다.
② 피담보채권이 소멸하면 저당권도 소멸한다.

기출 지문 익힘

① 저당권의 목적물이 (저당권설정자의 귀책사유로 / 제3자의 귀책사유로 / 자연재해로) 멸실 된 경우, 저당권자는 담보물의 보충을 청구할 수 있다.
② 담보물보충청구권을 행사하면서 손해배상청구권을 함께 행사할 수 (있다. / 없다.)
③ 저당권을 피담보채권과 분리하여 양도할 수 (있다. / 없다.)

Answer ① 저당권설정자의 귀책사유로   ② 없다   ③ 없다

50 | 근저당권의 특징

(1) 부종성의 완화

① 피담보채권 확정 전에는 채권이 '0'원이 되더라도 근저당권이 소멸하지 않는다.

② 피담보채권 확정 전에는 채무자나 채무액을 자유롭게 변경할 수 있다.

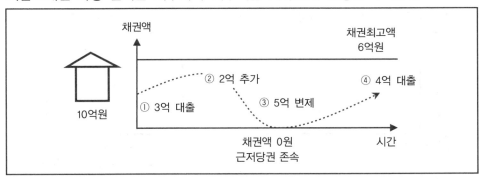

(2) 채권최고액

① 채권최고액은 우선변제한도 ○ / 책임의 한도 ✕

② 채권최고액 등기 필수 ○ / 존속기간은 등기 필수 ✕

③ 이자는 채권최고액에 산입 ○

④ 지연배상금 ➜ 채권최고액 범위 내에서는 1년 제한 ✕

⑤ 실행비용 ➜ 채권최고액에 산입 ✕ / 우선변제 ○(환급형태)

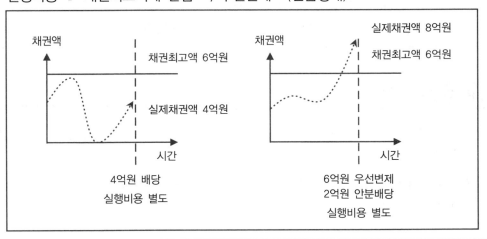

51 | 근저당권의 피담보채권 확정

(1) 근저당권의 피담보채권액 확정 시기

① 존속기간 만료, 기본계약의 해제 해지 등

② 근저당권자가 경매를 신청한 경우 ➜ 경매 신청시 확정

③ 후순위 권리자가 경매를 신청한 경우 ➜ 경락대금 완납시 확정

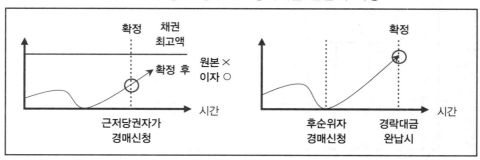

(2) 피담보채권액 확정의 효과

① 확정 후 새롭게 발생한 원본 채권 ➜ 우선변제 ✕

② 확정 전 채권에서 발생한 이자, 위약금 ➜ 우선변제 ○

③ 확정 후 경매신청 취하하여도 확정의 효과는 번복 ✕

(3) 확정된 채권액이 채권최고액을 초과하는 경우의 변제

① 채무자 ➜ 전액 변제하고 말소청구

② 물상보증인, 제3취득자 ➜ 채권최고액만 변제하면 말소청구

기출 지문 익힘

① 후순위 저당권자가 경매를 신청한 경우 선순위 근저당권의 피담보채권액은 (**경매신청시** / 경락대금 완납시)에 확정된다.

② 확정된 채권액이 채권최고액을 초과하는 경우 (채무자 / **물상보증인** / **제3취득자**)은(는) 채권최고액을 변제하고 근저당권의 말소를 청구할 수 있다.

Answer ① 경락대금 완납시   ② 물상보증인, 제3취득자

52 | 공동저당권

(1) 공동저당권의 동시배당

① 채무자 소유 부동산 상호간 ➜ 경매 대가에 비례하여 배당

② 채무자 소유 + 물상보증인 소유 상호간 ➜ 채무자 소유 부동산에서 우선배당

채무자 소유 (8억)	채무자 소유 (4억)	채무자 소유 (8억)	물상보증인 소유 (4억)
공동저당권 9억	공동저당권 9억	공동저당권 9억	공동저당권 9억
6억 배당	3억 배당	8억 배당	1억 배당

(2) 공동저당권의 이시배당

① 먼저 경매한 부동산에서 전액 배당 가능

② 물상보증인 소유 부동산의 후순위 저당권자는 채무자 소유 부동산 경매에서 대위 ○

③ 채무자 소유 부동산의 후순위 저당권자는 물상보증인 소유 부동산 경매에서 대위 ✕

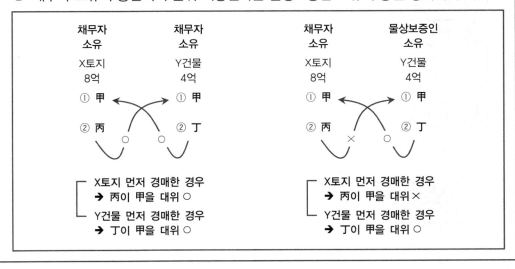

채권법의 구성

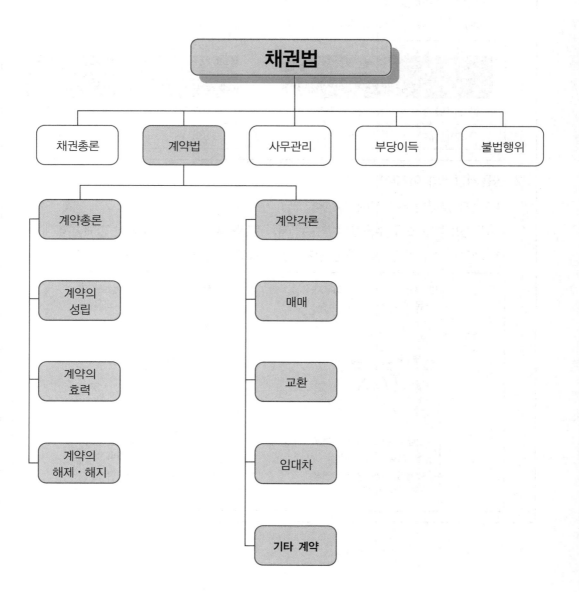

03

계약법

01 ㅣ 약관에 의한 계약

(1) **약관의 구속력**

- 당사자가 합의 하였기 때문 ○ / 약관이 법규범이기 때문 ✕

(2) **약관 명시 설명 의무**

① 명시·설명하지 않은 약관 ➜ 작성자 주장✕ / 고객 주장 ○

② 명시·설명의무 완화 면제 가능

(3) **약관의 해석**

① 공정하고 획일적으로 해석

② 명백하지 않은 약관 ➜ 작성자에게 불리하게, 고객에게 유리하게 해석

③ 특약사항이 약관에 우선

(4) **불공정 약관의 효과**

① 약관의 일부 조항이 무효인 경우에도 나머지 약관은 유효가 원칙

② 나머지 약관으로 목적 달성이 불가능할 때에는 전부 무효

기출 지문 익힘

① 약관의 내용이 (명확한 / 명확하지 않은) 경우에는 약관은 작성자에게 불리하게 해석하여야 한다.

② 약관의 일부 조항이 불공정함을 이유로 무효가 된 경우 원칙적으로 (약관 전부를 무효 / 나머지 약관은 유효)이다.

Answer ① 명확하지 않은 ② 나머지 약관은 유효

02 | 계약의 종류

(1) **쌍무계약과 편무계약**

① 쌍무계약 ➜ 매매, 교환, 임대차 등

② 편무계약 ➜ 증여, 사용대차, 현상광고 등

③ 쌍무계약에는 동시이행항변권, 위험부담 법리 적용 가능

(2) **유상계약과 무상계약**

① 유상계약 ➜ 매매, 교환, 임대차, 현상광고 등

② 무상계약 ➜ 증여, 사용대차 등

③ 유상계약에는 매매 계약에 관한 규정을 준용 가능

(3) **낙성계약과 요물계약**

① 낙성계약 ➜ 대부분의 계약

② 요물계약 ➜ 계약금 계약, 대물변제, 현상광고

기출 지문 익힘

① 모든 쌍무계약은 항상 유상계약이다. (   )

② 모든 유상계약은 항상 쌍무계약이다. (   )

Answer ① ○   ② ×

03 │ 계약의 성립 유형

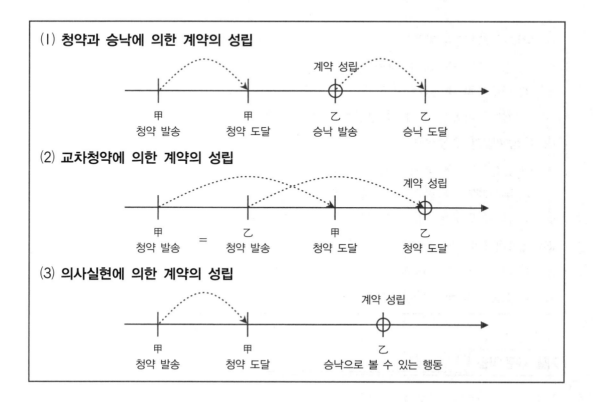

(I) 청약과 승낙에 의한 계약의 성립

(2) 교차청약에 의한 계약의 성립

(3) 의사실현에 의한 계약의 성립

기출 지문 익힘

① 격지자 간의 계약은 승낙자의 승낙이 (발송된 때 / 청약자에게 도달한 때) 성립한다.

② 동일한 내용의 청약이 상호교차된 경우, 양 청약이 모두 (발송된 / 도달한) 때에 계약이 성립한다.

③ (청약 / 승낙)은 불특정 다수를 상대로도 할 수 있다.

④ (청약 / 청약의 유인)은 구체적 확정적 의사표시라야 한다.

⑤ 청약은 상대방에게 (발송한 / 도달한) 이후에는 이를 철회하지 못한다.

04 ㅣ 청약과 승낙에 의한 계약의 성립

(1) 청약과 승낙에 의한 계약의 성립

① 승낙이 정상적으로 발송 도달 된 경우 ➜ 승낙 발송시 계약 성립

② 조건을 붙이거나 변경의 가한 승낙 ➜ 새로운 청약

③ 연착된 승낙 ➜ 새로운 청약

④ 사고로 연착된 경우 지연통지 또는 연착통지 없는 경우 ➜ 기간내 도달 간주

⑤ 승낙하지 않은 경우 ➜ 계약 불성립

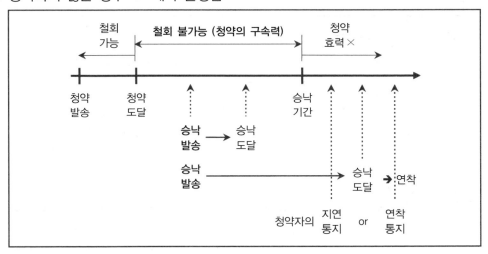

(2) 당사자 변경과 계약의 성립

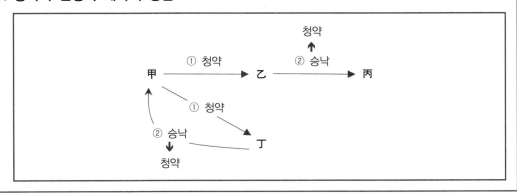

05 | 계약 체결상의 과실책임

(1) 계약체결상의 과실책임의 개념

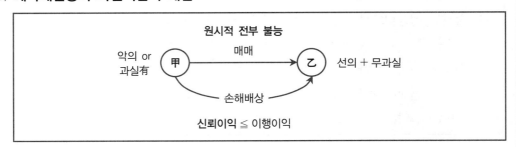

(2) 계약체결상의 과실책임 관련 판례

① 매매 목적물의 수량이 부족한 경우 ➜ 계약체결상 과실책임 ✕

② 계약 교섭단계에서의 부당한 중도파기

  − 책임의 유형 ➜ 계약체결상 과실책임 ✕ / 불법행위 책임 ○

  − 손해배상 범위 ➜ 제안서 견적서 작성비용 ✕ / 정신적 손해 ○

기출 지문 익힘

① 매매 목적물이 (계약 체결 전에 멸실된 경우 / 수량이 부족한 경우) 계약체결상의 과실
책임이 발생할 수 있다.

② 계약 교섭단계에서의 부당한 중도파기의 경우 (계약체결상 과실책임 / 불법행위 책임)
에 의한 손해배상책임이 인정된다.

Answer   ① 계약 체결 전에 멸실된 경우   ② 불법행위 책임

06 | 동시이행의 항변권의 요건

(1) 쌍무계약상 대가관계 있는 채무가 있을 것

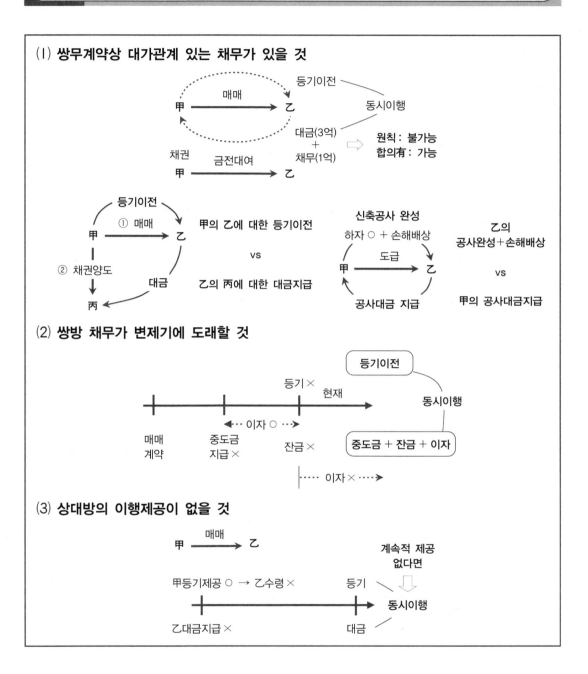

(2) 쌍방 채무가 변제기에 도래할 것

(3) 상대방의 이행제공이 없을 것

07 | 동시이행의 항변권의 효과

(1) 이행거절 권능 ➜ 원용 필요

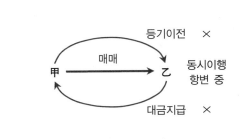

◀ 乙이 등기청구 소송한 경우 ▶
- 甲이 동시이행항변권 원용 ○
  ➜ 원고일부승소(상환이행판결)
- 甲이 동시이행항변권 원용 ×
  ➜ 원고전부승소

(2) 이행지체저지효 ➜ 원용 불필요

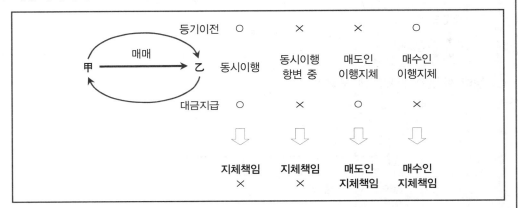

	동시이행	동시이행 항변 중	매도인 이행지체	매수인 이행지체
등기이전	○	×	×	○
대금지급	○	×	○	×
	⇩	⇩	⇩	⇩
	지체책임 ×	지체책임 ×	매도인 지체책임	매수인 지체책임

(3) 상계금지효

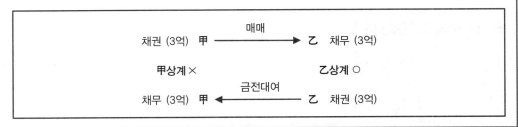

채권 (3억) 甲 ──매매──▶ 乙 채무 (3억)

甲상계 ×　　　　　　　　　　乙상계 ○

채무 (3억) 甲 ◀──금전대여── 乙 채권 (3억)

08 | 동시이행관계 인정여부 판례

(1) 동시이행 관계 확장

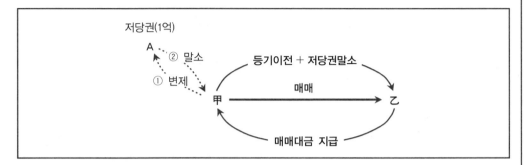

(2) 법률관계 무효로 인한 반환의무

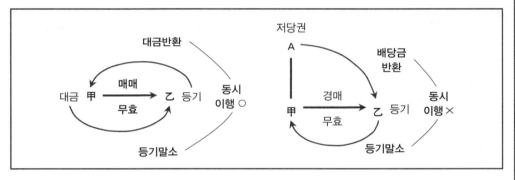

(3) 채무 변제 관련 동시이행 관계

채무 변제 vs 영수증 교부 ➜ 동시이행 ○

채무 변제 vs 채권증서 반환 ➜ 동시이행 ✕

채무 변제 vs 어음 수표 반환 ➜ 동시이행 ○

채무 변제 vs 저당권 말소 ➜ 동시이행 ✕

보증금 반환 vs 임차권 등기 명령에 의한 등기 말소 ➜ 동시이행 ✕

보증금 반환 vs 목적물 반환 ➜ 동시이행 ○

전세금 반환 vs 목적물 반환 + 전세권 말소 서류 교부 ➜ 동시이행 ○

권리금 방해로 인한 손해배상 vs 목적물 반환 ➜ 동시이행 ✕

유동적 무효 중 매매대금 지급 vs 허가신청협력의무 ➜ 동시이행 ✕

09 | 위험부담(후발적 불능 사례)

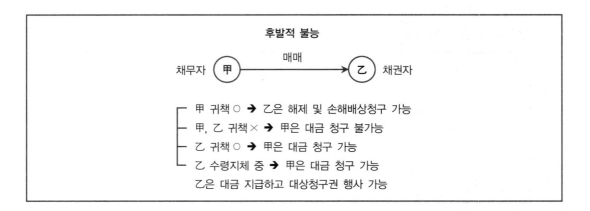

후발적 불능

채무자 甲 ──── 매매 ────▶ 乙 채권자

- 甲 귀책 ○ ➜ 乙은 해제 및 손해배상청구 가능
- 甲, 乙 귀책 × ➜ 甲은 대금 청구 불가능
- 乙 귀책 ○ ➜ 甲은 대금 청구 가능
- 乙 수령지체 중 ➜ 甲은 대금 청구 가능
  乙은 대금 지급하고 대상청구권 행사 가능

기출 지문 익힘

① 계약 체결 이후에 (甲 / 乙)의 귀책사유로 X건물이 멸실된 경우 乙은 계약을 해제하고 손해배상을 청구할 수 있다.

② 계약체결 이후에 X건물이 태풍으로 멸실된 것이라면 甲은 매매 대금의 지급을 청구할 수 (있다. / 없다.)

③ 계약체결 이후에 乙의 귀책사유로 X건물이 멸실된 경우, 甲은 매매 대금의 지급을 청구할 수 (있다. / 없다.)

④ 乙이 수령을 지체하던 중에 甲과 乙의 귀책사유 없이 X건물이 멸실된 경우, 甲은 매매 대금의 지급을 청구할 수 (있다. / 없다.)

⑤ 乙이 X건물 멸실로 인한 보험금에 대하여 대상청구권을 행사하기 위하여 매매대금을 지급 (하여야 한다. / 하지 않아도 된다.)

Answer ① 甲   ② 없다   ③ 있다   ④ 있다   ⑤ 하여야 한다

10 | 제3자를 위한 계약

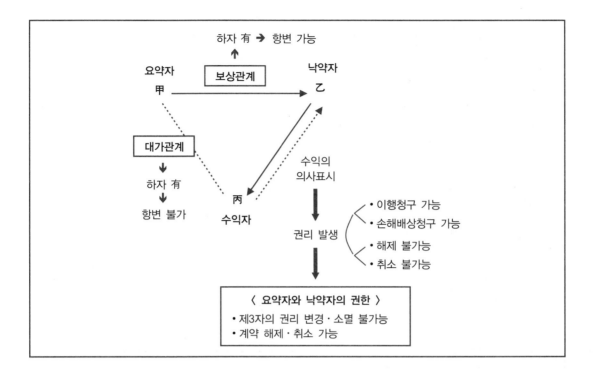

기출 지문 익힘

① 甲과 (乙 / 丙)의 계약이 무효인 경우, 乙은 대금 지급 의무의 이행을 거절할 수 있다.

② 甲이 계약을 위반하면 (乙 / 丙)이 계약을 해제할 수 있다.

③ 乙이 계약을 위반하면 (甲 / 丙)이 손해배상을 청구할 수 있다.

④ 乙이 丙에게 대금을 지급한 이후에 甲과 乙의 계약이 해제된 경우, 乙은 (甲 / 丙)에게 대금의 반환을 청구하여야 한다.

⑤ 丙이 수익의 의사표시를 한 후에 甲과 乙의 합의로 매매 계약을 해제하고 丙의 권리를 소멸시킬 수 (있다. / 없다.)

Answer ① 乙 ② 乙 ③ 甲, 丙 ④ 甲 ⑤ 없다

11 | 해제와 합의해제

(1) 법정해제와 구별개념

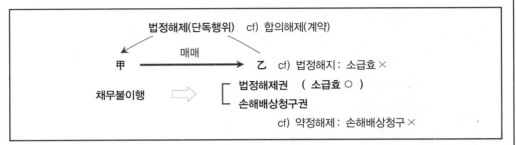

(2) 합의해제의 특징

① 법정해제와의 공통점
- 소급효 ○
- 제3자보호 ○

② 법정해제와의 차이점
- 대금반환시 이자가산 ×
- 손해배상 ×

매 매 계 약 서
매 도 인 : 甲 매 수 인 : 乙 특약사항 : 남북통일이 되면 각 당사자는 이 계약을 해제할 수 있다.

합의해제 약정서
청 약 자 : 甲 승 낙 자 : 乙 내   용   00년 00월 00일에 체결한 甲과 乙의 매매 계약은 소멸된 것으로 합의한다.

기출 지문 익힘

① 계약이 (법정해제 / 합의해제) 된 경우, 원칙적으로 해제권행사와는 별도로 손해배상청구권이 인정된다.

② 매매 계약이 (법정해제 / 합의해제) 된 경우, 매도인은 반환할 매매 대금에 이자를 가산하여 반환하여야 한다.

Answer   ① 법정해제   ② 법정해제

12 │ 법정해제권의 발생 및 행사

(1) 법정해제권의 발생

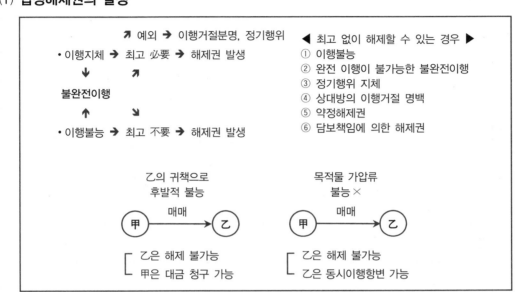

(2) 해제권의 행사

① 해제의 의사표시는 철회할 수 없다.

② 당사자가 수인인 경우 해제의 의사표시는 전원으로부터 전원에 대하여 하여야 한다.

기출 지문 익힘

① (매도인 / 매수인)의 귀책사유에 의한 이행불능의 경우 매수인은 최고 없이 계약을 해제할 수 있다.

② 이행거절의 의사를 표시하였던 채무자가 적법하게 이행거절의 의사를 철회하였다면 채권자는 최고없이 계약을 해제할 수 (있다. / 없다.)

Answer   ① 매도인   ② 없다

13 | 해제의 효과 및 제3자 보호

(1) 해제의 소급효

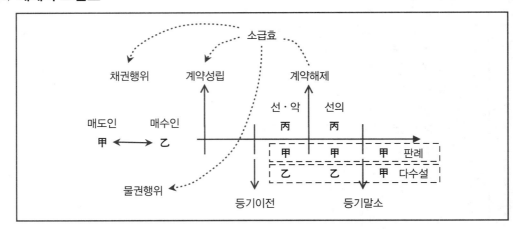

(2) 해방효

(3) 해제의 제3자

해제의 제3자 판단 기준	제3자에서 제외되는 자
등기 × ➔ 제3자 × 등기 ○ ┌ 해제 전 ┌ 선의 ➔ 제3자 ○ 　　　　　└　　　　└ 악의 ➔ 제3자 ○ 　　　　　　해제 후 ┌ 선의 ➔ 제3자 ○ 　　　　　　　　　└ 악의 ➔ 제3자 ×	① 상속인, 대리인, 본인 ② 일반채권자 ③ 채권을 ~한 자 ④ 토지 매매 해제시 건물 양수인

14 | 해제로 인한 원상회복과 손해배상

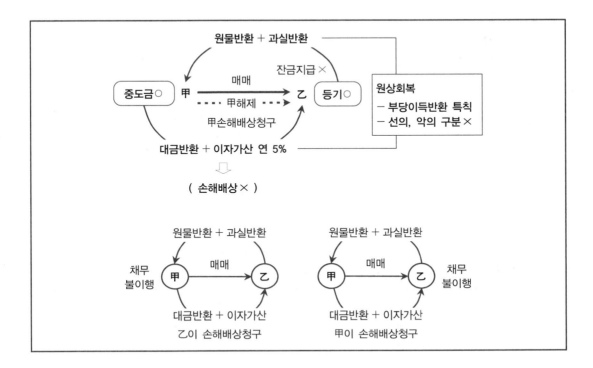

기출 지문 익힘

① (매도인 / 매수인)의 채무불이행으로 매매계약이 해제되는 경우에 매도인은 반환할 대금에 이자를 가산하여 반환하여야 한다.

② 계약을 해제하면서 손해배상을 함께 청구할 수 (있다. / 없다.)

15 | 매매예약 및 매매계약 일반

(1) **매매예약**

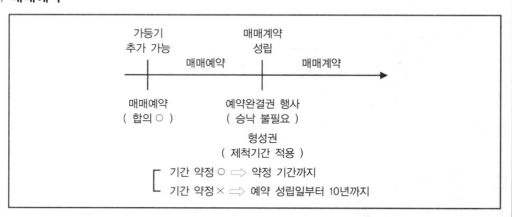

(2) **매매계약 과실의 귀속 등**

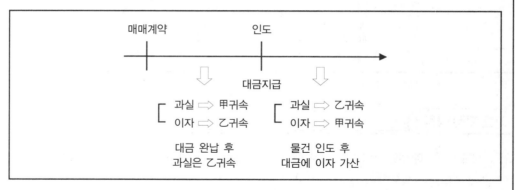

(3) **매매 계약의 동시이행(임의규정)**

① 이행기는 동일한 것으로 추정

② 대금은 목적물 인도 장소에서 지급

③ 비용은 쌍방이 균분하여 부담

16 | 계약금 계약

(1) 계약금 계약

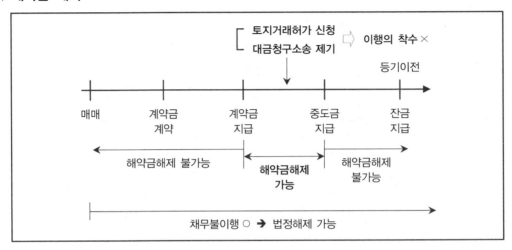

(2) 계약금의 해약금 기능

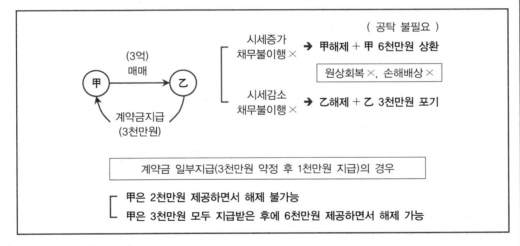

계약금 일부지급(3천만원 약정 후 1천만원 지급)의 경우

- 甲은 2천만원 제공하면서 해제 불가능
- 甲은 3천만원 모두 지급받은 후에 6천만원 제공하면서 해제 가능

(3) 계약금의 유형 구별

① 아무런 특약이 없는 계약금 ➜ 증약금, 해약금 성질

② 위약금 성질을 추가하는 특약을 한 경우의 계약금 ➜ 증약금, 해약금, 위약금 성질

③ 해약금 성질을 배제하는 특약을 한 경우의 계약금 ➜ 증약금 성질

17 | 매도인의 담보책임 규정

(1) 권리의 하자 담보책임 규정

① 매수인에게 해제권 및 손배해상 청구권은 공통적으로 인정

② 선의 매수인에게는 권리의 하자 상 모든 권리 인정

③ 제척기간 1년 ➔ 선의자 : 안 날로부터 / 악의자 : 계약한 날로부터

① 전부타인권리	기간×

• 계약해제 ➔ 선의·악의 매수인
• 손해배상청구 ➔ 선의 매수인

② 일부타인권리	기간 1년

• 계약해제 ➔ 선의 매수인
• 손해배상청구 ➔ 선의 매수인
• 대금감액청구 ➔ 선의·악의 매수인

③ 수량부족·일부멸실	기간 1년

• 계약해제 ➔ 선의 매수인
• 손해배상청구 ➔ 선의 매수인
• 대금감액청구 ➔ 선의 매수인

④ 제한물권 설정에 의한 제한	기간 1년

• 계약해제 ➔ 선의 매수인
• 손해배상청구 ➔ 선의 매수인

⑤ 저당권·전세권 실행	기간×

• 계약해제 ➔ 선의·악의 매수인
• 손해배상청구 ➔ 선의·악의 매수인

(2) 물건의 하자 담보책임 규정

① 매수인이 선의 무과실인 경우에만 인정된다.

② 경매에는 적용하지 않는다.

③ 하자를 안 날로부터 6개월의 제척기간 내에만 인정된다.

④ 종류물에 하자가 있는 경우 완전물급부청구권이 가능하다.

18 | 매도인의 담보책임

(1) 담보책임의 특징

① 담보책임의 성질 → 법정 무과실책임

② 하자판단 기준시기 → 계약체결 당시

③ 담보책임에 의한 손해배상 → 이행이익 배상

④ **매매(경매) 자체가 무효인 경우 → 담보책임 부정**

⑤ 담보책임 면제특약 → 원칙적으로 가능

(2) 저당권 실행 담보책임의 확대적용 판례

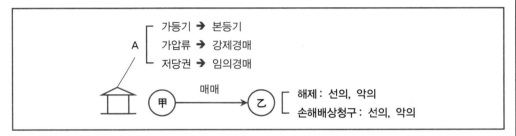

A ┌ 가등기 → 본등기
　 ├ 가압류 → 강제경매
　 └ 저당권 → 임의경매

甲 ──매매──→ 乙 ┌ 해제 : 선의, 악의
　　　　　　　　 └ 손해배상청구 : 선의, 악의

(3) 물건의 하자 주요 판례

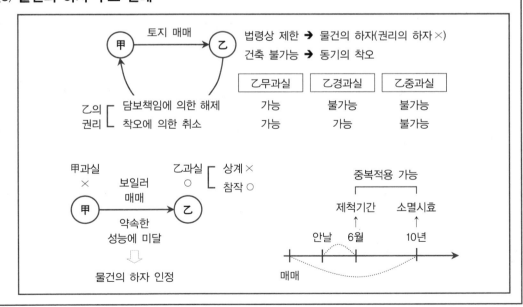

甲 ──토지 매매──→ 乙

법령상 제한 → 물건의 하자(권리의 하자 ×)
건축 불가능 → 동기의 착오

乙의 권리 ┌ 담보책임에 의한 해제
　　　　 └ 착오에 의한 취소

	乙무과실	乙경과실	乙중과실
담보책임에 의한 해제	가능	불가능	불가능
착오에 의한 취소	가능	가능	불가능

甲과실 × ──보일러 매매 약속한 성능에 미달──→ 乙과실 ○ ┌ 상계 ×
　　　　　　　　　　　　　　　　　　　　　　　　 └ 참작 ○

⇓

물건의 하자 인정

중복적용 가능

제척기간 / 소멸시효

안날 → 6월 → 10년

매매

19 | 환매 및 교환

(1) 환매

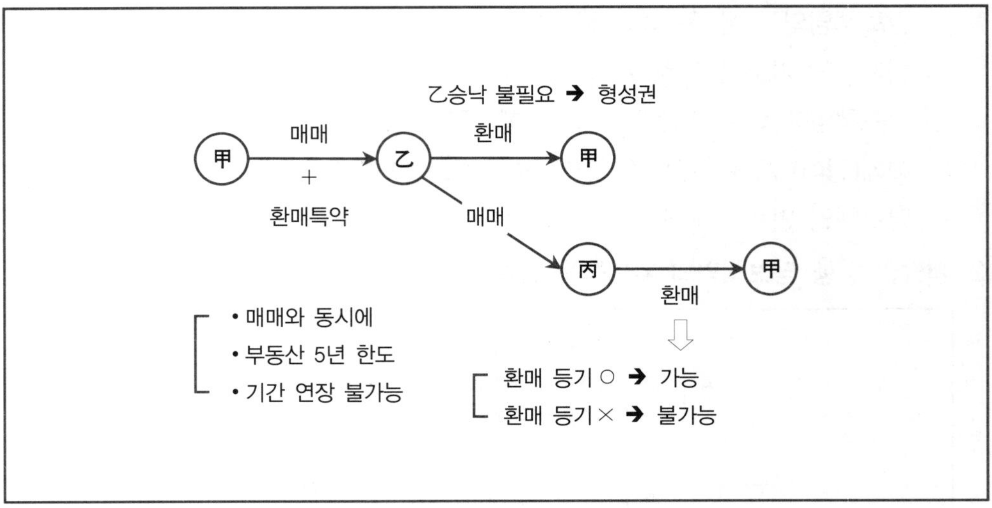

乙승낙 불필요 → 형성권

甲 —매매→ 乙 —환매→ 甲
　　+
　　환매특약 —매매→ 丙 —환매→ 甲

- 매매와 동시에
- 부동산 5년 한도
- 기간 연장 불가능

환매 등기 ○ → 가능
환매 등기 × → 불가능

(2) 교환

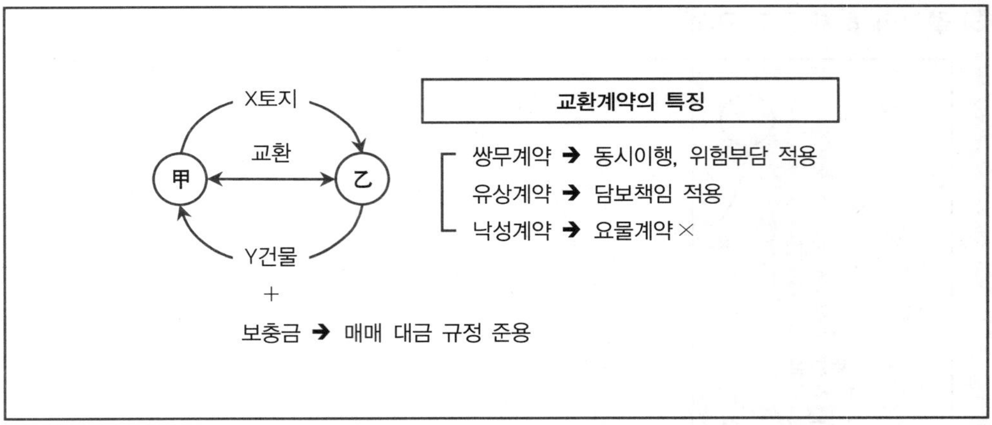

X토지
교환
甲 ↔ 乙
Y건물
+
보충금 → 매매 대금 규정 준용

교환계약의 특징

- 쌍무계약 → 동시이행, 위험부담 적용
- 유상계약 → 담보책임 적용
- 낙성계약 → 요물계약 ×

20 | 임대차계약 일반

(1) 임대차의 특징

① 쌍무, 유상, 낙성, 불요식 계약

② 차임 필수 ○ / 보증금 필수 ×

(2) 임대차의 대항력

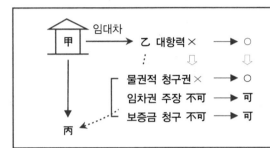

임대차의 대항력 취득 방법

① 임차권 등기

② 토지 임대차 ➔ 지상 건물 등기

③ 주택 임대차 ➔ 인도 + 주민등록

④ 상가 임대차 ➔ 인도 + 사업자등록

(3) 임대차의 존속기간 등

	민법 임대차	주택 임대차	상가건물 임대차
최단기간	규정×	2년	1년
최장기간	규정×	규정×	규정×
법정갱신 기준	만료 후 상당기간	만료 전 6월~2월	만료 전 6월~1월
기간 약정 없는 경우	임대인: 해지통고 6월 임차인: 해지통고 1월	2년	1년
해지사유	2기 연체	2기 연체	3기 연체

21 | 임대차의 효과

(1) 임대인의 의무

① 목적물 유지 수선 의무(임대인의 의무)
- 대규모 수선 면제 ➔ 불가능
- 소규모 수선 면제 ➔ 가능

② 임차인의 안전을 배려할 보호의무
- 통상 임대차 ➔ 임대인의 의무×
- 일시사용 임대차 ➔ 임대인의 의무 ○

(2) 임차인의 권리와 의무 종합

① 차임 지급 의무 ➔ 2기 연체하면 해지

② 임대인의 수선을 인용할 의무

③ 임차물 보관의무 및 통지의무 ➔ 선량한 관리자의 주의 의무

④ 공동임차인의 연대채무

(3) 지상물(부속물)매수청구권과 비용상환청구권

	지상물 매수청구권	부속물 매수청구권	비용상환 청구권
권리의 주체	토지임차인	건물임차인	임차인
주요 요건	갱신청구가 거절 되면	임대인의 동의有 or 매수하여	필요비: 지출 즉시 유익비: 임대차 종료시
포기·배제 특약	무효	무효	유효
채무불이행 해지의 경우	불가능	불가능	가능 多
행사 기간	규정 ×	규정 ×	6개월
유치권의 피담보채권	불가능	불가능	가능

22 | 지상물매수청구권

(1) 지상물매수청구권의 의의 및 성질

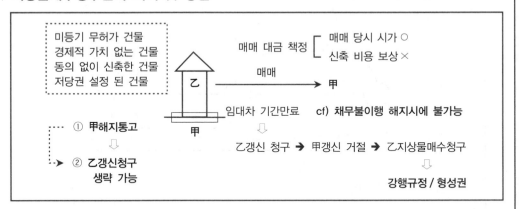

미등기 무허가 건물
경제적 가치 없는 건물
동의 없이 신축한 건물
저당권 설정 된 건물

매매 대금 책정 ┌ 매매 당시 시가 ○
              └ 신축 비용 보상 ×

乙 ──매매──→ 甲

임대차 기간만료   cf) 채무불이행 해지시에 불가능

乙갱신 청구 → 甲갱신 거절 → 乙지상물매수청구
                              ⇩
                    강행규정 / 형성권

① 甲해지통고
⇩
② 乙갱신청구
   생략 가능

(2) 지상물매수청권 주의 할 판례

① 걸쳐서 건립된 건물 → 구분소유의 객체가 될 수 있는 부분만 가능

② 대항력 있는 임대차의 경우 토지 양수인에게 지상물매수청구 가능

③ 지상물매수청구권을 행사하여 **동시이행항변을 하는 동안에도 토지사용의 대가는** 지급

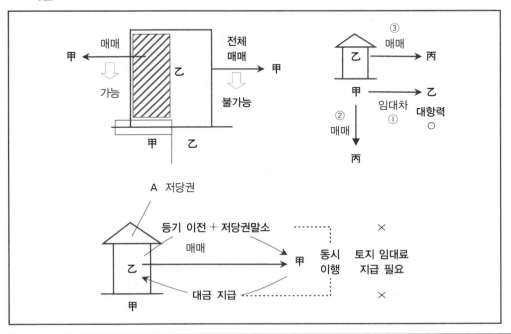

23 | 전대차

(1) 임대인 동의 없는 전대차

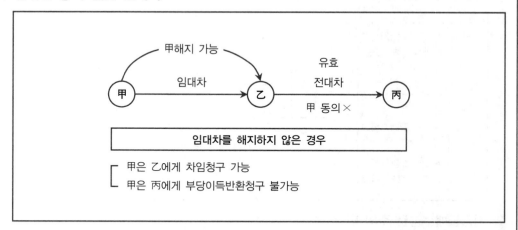

(2) 임대인 동의 있는 전대차

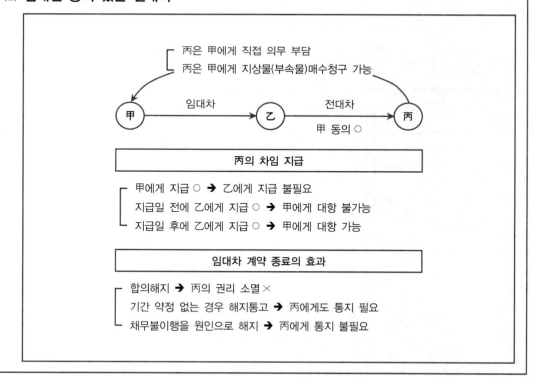

24 | 임대차 보증금 등

(1) **임대차 보증금의 기능**

① 필수 요소✕

　－ 보증금의 존재 ➜ 임차인 입증

　－ 보증금에서 공제할 차임의 존재 ➜ 임대인 입증

② 임대차 계약에 따른 임차인의 채무를 보증금에서 공제 가능

　예 연체차임, 목적물 훼손에 따른 손해배상, 목적물 반환소송 비용 등

(2) **보증금에서 연체차임의 공제**

① 연체차임 공제 주장

　－ 임대인 ➜ 공제 주장 가능

　－ 임차인 ➜ 공제 주장 불가능

② 연체차임의 당연 공제

　－ 임대차 종류 시 ➜ 당연 공제 ○

　－ 임대차 기간 중 ➜ 당연 공제✕

(3) **소유자 변경 된 경우 보증금 반환청구**

① 대항력 있는 임대차 ➜ 변경 후 소유자에게 반환청구 가능

② 대항력 없는 임대차 ➜ 변경 후 소유자에게 반환청구 불가능

(4) **동시이행 관련**

① 보증금 반환 vs 목적물 반환 ➜ 동시이행

② 필요비 상환✕ ➜ 차임 지급 거절 가능

③ 임대차 종료 후 차임 지급

　－ 임차인 사용 수익 ○ ➜ 차임 지급 필요

　－ 임차인 사용 수익✕ ➜ 차임 지급 불필요

박문각 공인중개사

민사특별법

주택임대차보호법 vs 상가건물 임대차보호법

	주택임대차보호법	상가건물 임대차보호법
적용대상	• 주택(대지포함) • 실지 용도 기준 판단 • 원칙적 법인에 부적용	• 상가건물 • 보증금 일정액 이하 만 • 법인에 대해서도 적용
대항력 요건	인도 + 주민등록 수리 다음날 오전 0시	인도 + 사업자등록 신청 다음날 오전 0시
최단기간	2년	1년
차임 등 증액 제한	1/20 초과 금지 / 1년↓	5/100 초과 금지 / 1년↓
보증금의 월차임 전환 한도	연 10% or 기준금리 + 2%	연 12% or 기준금리 × 4.5
묵시적 갱신의 요건	• 임대인 ➜ 6월~2월 • 임차인 ➜ 2개월 전까지	• 임대인 ➜ 6월~1월 • 임차인 ➜ 규정 없음
묵시적 갱신의 효과	존속기간 2년으로	존속기간 1년으로
해지사유	2기 차임 연체	3기 차임 연체
고유한 제도	임차권 승계 제도 (상속인 or 사실혼 배우자)	**임차권 승계 제도 없음**
공통 사항		
적용 범위의 확장·제한	• 미등기 전세에 준용 • 일시사용을 위한 임대차에 부적용 • 기존 채권 확보 목적으로 악용하는 경우 부적용	
묵시적 갱신의 효과	• 임대인 ➜ 최단기간 보장 의무 • 임차인 ➜ 해지통고 자유 / 3개월 뒤 효력 발생	
보증금 우선변제권	대항력 + 확정일자 취득 ➜ 보증금 전액을 일반채권자보다 우선변제	
보증금 최우선변제권	경매개시 전 대항력 취득 ➜ 보증금 중 일정액 최우선변제	
임차권등기명령	• 등기 후 대항력을 상실해도 우선변제권 유지 • 등기 후 새로운 임차인은 최우선변제권 불인정	

01 | 주택(상가건물)임대차보호법의 적용범위

(1) **주택, 상가 공통**

① 실지 용도 기준으로 판단

② 임대차 계약 체결 당시를 기준으로 판단

③ 대지도 주택 또는 상가건물에 포함

④ 등기하지 않은 전세계약에도 적용

⑤ 미등기 무허가 건물인 경우에도 적용

⑥ 일시사용을 위한 임대차에 적용 ✕

(2) **법인이 임차인인 주택임대차**

① 원칙 ➜ 주택임대차보호법 적용 ✕

② 예외 ➜ 주택임대차보호법 적용 ○(한국토지주택공사, 지방공사, 중소기업)

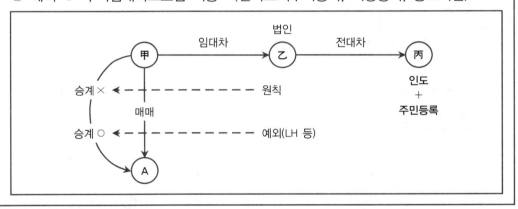

기출 지문 익힘

① 주택임대차보호법은 (미등기 전세계약 / 일시사용을 위한 임대차)에 적용된다.

② 주택임대차보호법상의 주택인지 여부는 (실지 용도 / 공부상 표시)를 기준으로 결정된다.

③ 주택의 임차인이 법인인 경우, 특별한 사정이 없는 한 임차 주택의 양수인은 임대인의 지위를 승계 (한다. / 하지 않는다.)

Answer ① 미등기 전세계약 ② 실지 용도 ③ 하지 않는다

02 | 주택임대차보호법의 대항력

(1) **대항력 취득 요건**

① 인도 + 주민등록 다음 날 0시에 대항력 취득

② 기존 채권을 보증금으로 전환한 경우

　－ 실제로 거주 ○ ➜ 대항력 ○

　－ 실제로 거주 × ➜ 대항력 ×

③ 외국인도 거소 신고 등으로 대항력 취득 가능

(2) **간접점유자의 대항력 취득**

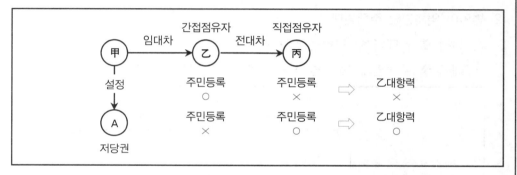

(3) **기존 거주자의 대항력 취득**

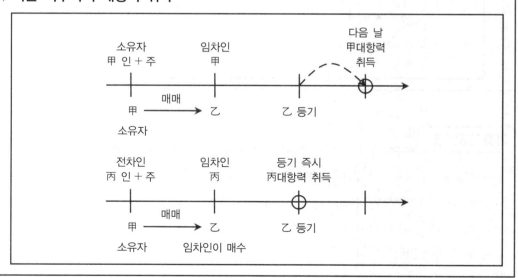

03 | 대항력 취득을 위한 주민등록 관련 판례

(1) 가족과 함께 거주하면서 전출한 경우(가족의 주민등록도 인정)

　① 임차인만 전출 ➜ 대항력 유지

　② 가족 전부 전출 ➜ 대항력 상실

(2) 공무원 착오로 다른 지번에 전입신고 된 경우(원칙적 수리 기준)

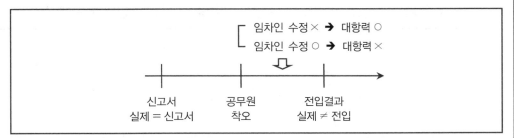

（3）전입신고하면서 동호수 누락한 경우

　① 다가구 주택 ➜ 대항력 ○(이후에 다세대 주택으로 변경되어도 대항력 유지)

　② 다세대 주택 ➜ 대항력 ×

（4）주민등록이 직권말소 된 경우

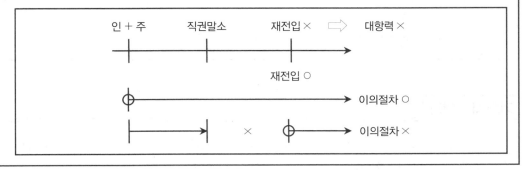

04 | 주택임대차보호법의 대항력의 효과

(1) 대항력의 효과

① 주택양수인 또는 후순위 저당권자 등 제3자에게 임차권 주장 가능

② 임차 주택을 양수한 자는 원칙적으로 임대인의 지위 승계(임차인 이의제기하면 승계×)

③ 임대차 기간이 종료하더라도 **보증금을 반환받을 때까지 임대차 관계 존속**

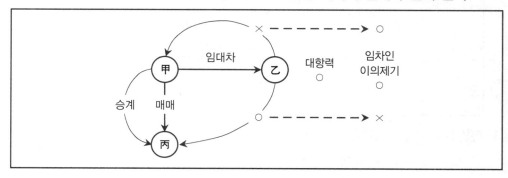

(2) **임대인 지위를 승계하지 않는 자**

① 법인이 임차인인 경우의 주택 양수인

② 주택의 대지만 경락 받은 자

③ 주택의 양도담보권자

기출 지문 익힘

① 주택임차인이 대항력을 취득한 이후에 그 주택에 제3자에게 양도 된 경우 원칙적으로 주택 (양도인 / 양수인)에게 보증금반환의무가 있다.

② 주택임차인이 대항력을 취득하고 거주하다가 임대차 기간이 종료하였으나 보증금이 반환되지 않은 경우, 임대차 관계는 (종료한다. / 존속한다.)

③ 주택임차인이 대항력을 취득한 이후에 (임차 주택을 / 그 주택의 대지만을) 경락 받은 자는 임대인의 지위를 승계한다.

Answer   ① 양수인   ② 존속한다   ③ 임차 주택을

05 | 경매와 주택임차인의 지위

(1) 집행요건의 완화

임차인이 임차 주택에 대하여 보증금 반환청구소송의 확정판결이나 그 밖에 이에 준하는 집행권원에 따라서 경매를 신청하는 경우에는 **반대의무의 이행이나 이행의 제공을 집행개시의 요건으로 하지 아니한다.** (주임법 제3조의 2)

(2) 배당요구와의 관계

① 원칙 : 배당요구 필요

② 예외적으로 배당요구 필요 없는 경우
- 임차권 등기 명령에 의한 등기가 경료되어 있는 경우
- 임차인이 스스로 강제경매를 신청한 경우

(3) 경매 후 대항력 소멸 여부

① 대항력을 최선순위로 취득한 임차인
- 경매에도 불구하고 대항력 존속

주의) 저당권 설정 이후에 증액된 보증금으로 대항 불가능

② 저당권이 설정된 이후에 대항력을 취득한 임차인
- 경매로 인하여 대항력은 소멸

주의) 경매 도중에 선순위 저당권이 소멸하면 대항력 유지

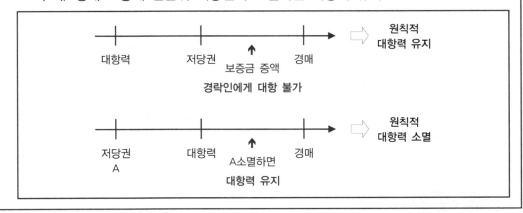

06 | 주택(상가건물)임차인의 보증금 우선변제권

(1) 우선변제권

① 요건 ➜ 대항력 + 확정일자
   - 아파트 계약서에 동호수 누락한 상태로 확정일자 받아도 유효
② 효과 ➜ 보증금 전액에 대하여 순위에 따라 우선변제
③ 대항력과 우선변제권을 모두 갖춘 자가 보증금 전액 변제받지 못한 경우
   - 경락인에게 임차권으로 대항 ○
   - 제2경매절차에서 우선변제 ×
④ 우선변제권의 승계

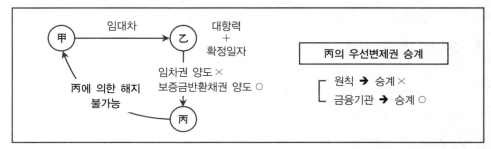

(2) 최우선변제권

① 요건 ➜ 경매신청 등기 전에 대항력
② 소액보증금 대상자
   - 지역별 보증금 일정액 이하인 자 예 서울지역 주택 보증금 1억6천5백만원 이하인 자
   - 저당권 설정 후 보증금을 감액하여 최우선변제 ➜ 인정
   - 저당권 설정 후 신축한 건물의 임차인은 토지 매각대금에서 최우선변제 ➜ 부정
③ 효과 ➜ 보증금 중 일정액에 대하여 최우선변제 예 서울지역 주택 5500만원 한도
④ 최우선변제 한도 ➜ 주택 가액의 1/2

기출 지문 익힘

① 주택임차인에게 소액보증금 최우선변제권이 인정되려면 경매개시 전에 (대항력 / 대항력과 확정일자)을(를) 갖추어야 한다.

Answer   ① 대항력

07 | 주택(상가건물)임대차 존속기간 등

(1) 최단기간

① 주택 2년(상가 1년)

② 주택임대차를 1년 약정한 경우
- 임대인 ➔ 1년 주장×
- 임차인 ➔ 1년 주장○

(2) 묵시적 갱신

① 묵시적 갱신 요건
- 임대인 ➔ 임대차 만료 전 6월~2월 사이(상가는 6월~1월 사이)
- 임차인 ➔ 임대차 만료 전 2월 전까지(상가는 규정 없음)

② 법정갱신의 효과 ➔ 조건은 동일, 기간은 2년으로(상가는 1년으로)
- 임대인 ➔ 2년간 해지 불가능(상가는 1년간)
- 임차인 ➔ 언제든지 해지통고 할 수 있고 3개월 뒤 종료

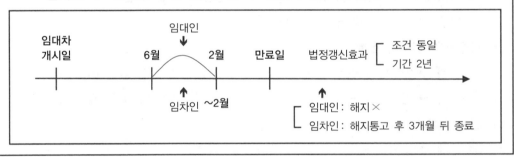

기출 지문 익힘

① 甲소유의 주택을 乙이 1년의 기간을 정하여 임대차 한 경우, (甲 / 乙)은 1년을 계약기간으로 주장할 수 있다.

② 주택에 대한 임대차 계약이 묵시적으로 갱신된 경우에도 (임대인 / 임차인)은 언제든지 계약을 해지할 수 있고 해지의 의사표시 후 3개월 뒤에 해지의 효력이 발생한다.

Answer   ① 乙   ② 임차인

08 | 주택(상가건물)임대차 임차권등기명령 등

(1) 임차권등기명령

  ① 등기 신청 요건 및 절차

    — 임대차 종료시 보증금을 돌려받지 못한 경우

    — 건물 소재지 관할 지방법원에 임차권 등기 신청

  ② 임차권등기 명령에 의한 등기의 효과

    — **점유나 주민등록을 상실하더라도 대항력과 우선변제권을 유지**

    — **배당요구 하지 않아도 보증금 우선변제 가능**

    — **등기 후에 새로운 소액임차인의 최우선변제권은 부정**

  ③ 보증금 반환 vs 임차권등기명령에 따른 등기 말소 ➜ 동시이행 ✕

(2) **보증금이나 월차임의 증액**

  ① 기존 금액의 1/20 초과 금지(상가는 5/100 초과 금지)

  ② **최초계약 후 1년간 증액금지, 증액 후 1년간 다시 증액 금지**

  ③ 합의 증액의 경우에는 증액 제한 없음

(3) **보증금의 월차임 전환**

  ① **주택** ➜ 연 10% 또는 한국은행공시기준 금리 + 2% 중 낮은 비율 초과 금지

  ② **상가** ➜ 연 12% 또는 한국은행공시기준 금리 × 4.5 중 낮은 비율 초과 금지

(4) **해지 사유**

  ① 주택 ➜ 2기 연체

  ② 상가 ➜ 3기 연체

(5) **주택임차권 승계(상가건물 ✕)**

  ① 상속인이 없는 경우 ➜ 사실혼 배우자 승계

  ② 상속인이 있는 경우

    — 상속인이 공동생활 한 경우 ➜ 상속인 단독 승계

    — 상속인이 공동생활 안한 경우 ➜ 2촌이내 친족과 사실혼 배우자 공동승계

09 | 주택(상가건물)임대차의 갱신요구권

(1) **임차인의 갱신요구 기간**

① 주택 ➜ 기간 만료 전 6월~2월 사이

② 상가 ➜ 기간 만료 전 6월~1월 사이

(2) **임차인의 갱신요구 한계**

① 주택 ➜ 1회에 한하여

② 상가 ➜ 최초 포함 10년까지

cf) 법정갱신이나 권리금 보호에는 10년 제한 없음

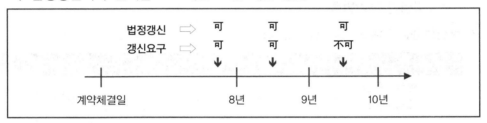

(3) **임대인의 갱신거절 사유**

① 주택 ➜ 2기 차임 연체 / 상가 ➜ 3기 차임 연체

② 무단 전대(주택, 상가 공통)

③ 고의나 중과실에 의한 파손(주택, 상가 공통)

④ 철거나 재건축을 위하여 필요한 경우(주택, 상가 공통)

⑤ 임대인이나 임대인의 직계존속, 직계비속의 거주 목적(주택만)

기출 지문 익힘

① 상가건물임대차의 (갱신요구권 / 법정갱신 / 권리금 보호)은(는) 최초 임대차를 포함하여 10년을 넘지 않는 범위에서 인정된다.

② 임차인의 (고의 / 중과실 / 경과실)에 의하여 임차목적 주택이 파손되었다면 임대인은 임차인의 갱신요구에도 불구하고 갱신을 거절할 수 있다.

Answer ① 갱신요구권 ② 고의, 중과실

10 | 상가건물 임대차보호법의 적용

(1) **환산보증금이 9억원을 초과하는 경우(서울 기준)**

    ① 원칙 ➡ 상가건물 임대차보호법 적용 ×

    ② 예외 ➡ 상가건물 임대차보호법 적용 ○

       – 대항력

       – 갱신요구권

       – 권리금

       – 3기 연체시 해지

       – 감염법 예방법률에 따른 해지

(2) **환산보증금 액수와 갱신요구권 적용**

	기간 약정 ○	기간 약정 ×
환산보증금 9억 이하	갱신요구 가능	갱신요구 가능
환산보증금 9억 초과	갱신요구 가능	**갱신요구 불가능**

기출 지문 익힘

① 환산보증금이 9억원을 초과하는 경우에도 목적물을 인도 받고 사업자등록을 완료한 상가건물의 임차인은 대항력을 취득할 수 있다. (　　　)

② 환산보증금이 9억원을 초과하는 경우에도 대항력과 확정일자를 갖춘 상가건물의 임차인은 보증금 우선변제권을 갖는다. (　　　)

③ 환산보증금이 10억원인 경우에도 존속기간을 약정 (하였다면 / 하지 않았다면) 임차인에게 갱신요구권이 인정된다.

Answer　① ○　② ×　③ 하였다면

11 | 상가건물 임대차보호법의 권리금 보호

(1) **권리금 보호제도의 개념**

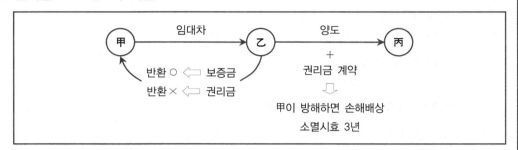

(2) **임차인의 권리금이 보호되지 않는 경우**

① 기간 만료 전 6월~종료일 사이에 권리금 계약을 못한 경우

② 갱신요구 거절사유 중 하나가 있는 경우

③ 1년 6개월이상 영리목적 사용하지 않은 경우 신규임차인 되려는 자 거절

④ 손해배상 소멸시효 3년 경과

⑤ 권리금 규정이 적용되지 않는 형태
   - 상가건물이 국유(공유) 재산인 경우
   - 상가건물이 대규모 점포인 경우(전통시장 제외)
   - 전대차

기출 지문 익힘

① 상가건물의 임차인이 중대한 과실로 상가건물을 파손하였다면 임대인은 권리금 회수 방해로 인한 손해배상 책임에서 면제된다. (   )

② 상가건물의 임차인이 권리금 회수 기회를 보호받으려면 존속기간 만료 전 6개월부터 (1개월 / 종료일)까지 사이에 권리금 계약을 한 경우라야 한다.

12 | 가등기(양도)담보권의 성질

(1) 가등기(양도)담보권의 성질

① 가등기(양도)담보권 = 저당권
   - 경매 이후에는 소멸
   - 피담보채권과 분리양도 불가능
   - 우선변제 및 물상대위 가능
② 담보목적물에서 발생한 과실의 취득
   - 청산절차 완료 전 ➡ 담보설정자에 귀속
   - 청산절차 완료 후 ➡ 채권자에 귀속
③ 경매절차에서 채권신고하지 않으면 배당 ×

(2) 양도담보권 사례

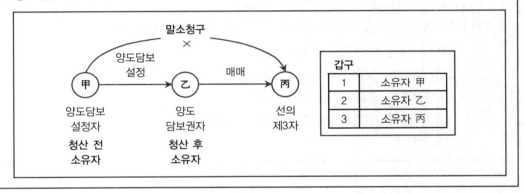

기출 지문 익힘

① 채권담보 목적으로 채권자 명의로 소유권이전등기가 경료된 경우, 담보목적물에서 발생한 과실은 (등기 / 청산절차) 이후부터는 채권자에게 귀속된다.

② 양도담보권자는 (담보권 실행을 위하여 / 소유권에 기하여) 담보목적물의 불법점유자에게 반환을 청구할 수 있다.

③ 양도담보권자가 청산절차를 거치지 않고 담보 목적물을 (선의 / 악의)의 제3자에게 처분하고 등기를 이전해 준 경우, 양도담보설정자는 그 등기의 말소를 청구하지 못한다.

Answer   ① 청산절차   ② 담보권 실행을 위하여   ③ 선의

13 | 가등기담보 등에 관한 법률 적용요건

(1) **목적물의 가액 > 대여금 + 약정이자**

　① 예약당시 기준으로 목적물 가액 산정

　② 선순위 담보권의 채권액은 제외하고 목적물 가액 산정

(2) **(준)소비대차 채권 담보목적**

　① 소비대차 아닌 채권과 소비대차 채권이 섞여 있는 경우 적용×

　② 매매대금채권, 공사대금채권 담보목적일 때 적용×

(3) **가등기(소유권이전등기) 경료**

　① 동산에 적용×

　② 등기하지 않은 경우 ➜ 청산절차 필요 없음

(4) **적용제외**

　채권담보 목적의 전세권, 저당권, 질권에 적용×

기출 지문 익힘

① 3억원 상당의 저당권이 설정되어 있는 4억원 상당의 부동산에 2억원의 대여금 채권을 담보할 목적으로 채권자가 가등기를 경료 받은 경우 가등기담보 등에 관한 법률이 적용된다.
（　　　）

② (대여금 / 매매대금 / 공사대금) 채권의 담보를 목적으로 하는 가등기에는 가등기담보법이 적용되지 않는다.

③ 매매대금 채권의 담보를 위하여 매도인 명의로 가등기가 경료되어 있는 경우, 가등기담보 등에 관한 법률의 청산절차를 거치지 않고 한 본등기할 수 (있다. / 없다.)

Answer ① × ② 대여금 ③ 있다

14 | 가등기담보법에 의한 청산절차

(1) **청산 방법**

① 채권자는 귀속청산과 공경매에 의한 처분청산 선택 가능

② 청산기간 중에 경매신청 있으면 본등기 청구할 수 없고 경매로 진행

(2) **귀속청산 절차**

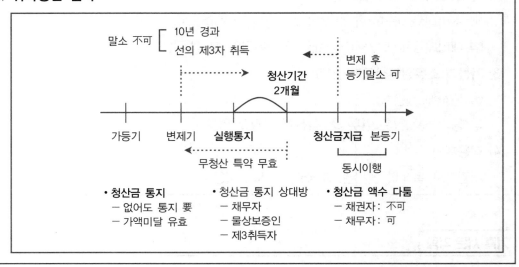

기출 지문 익힘

① 실행통지 당시에 통지할 청산금이 없다고 인정되면 통지를 생략할 수 (있다. / 없다.)

② 객관적 가액에 미달한 청산금 통지는 효력이 발생될 수 (있다. / 없다.)

③ 채권자가 통지한 청산금의 액수에 관하여 (채권자 / 채무자)는 다툴 수 없다.

④ 채무자는 (청산기간 전까지 / 청산금 지급 전까지) 피담보채무를 변제하고 담보목적 가등기의 말소를 청구할 수 있다.

Answer   ① 없다   ② 있다   ③ 채권자   ④ 청산금 지급 전까지

15 | 후순위 저당권이 있는 가등기담보권 사례

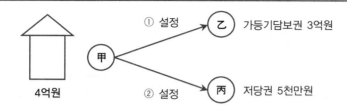

① 丙에게 통지하지 않고 청산금 지급하면 丙에게 대항 불가능

② 乙이 청산기간 전에 청산금 지급하면 丙에게 대항 불가능

③ 청사기간 중에 丙은 변제기 도래 전이라도 경매청구 가능

④ 청산기간 중에 丙이 경매신청하면 乙은 본등기 불가능

⑤ 乙이 우선변제 받을 채권액은 실행통지 당시에 확정

기출 지문 익힘

① 후순위 저당권자는 청산기간 중에 변제기가 (도래하기 전이라도 / 도래한 경우에 한하여) 경매를 청구할 수 있다.

② 가등기담보권자가 다른 채권자보다 우선변제 받을 수 있는 채권액은 (실행통지 / 청산금 지급) 당시에 확정된다.

Answer ① 도래하기 전이라도 ② 실행통지

16 | 구분소유권의 성립과 공용부분의 법률관계

(1) **구분소유권의 성립**

① 구조상 독립성 + 구분행위 필요

② 등기 불필요

(2) **공용부분의 종류**

① 구조상 법정 공용부분 ➜ 취지의 등기 불필요

② 규약상 공용부분 ➜ 취지의 등기 필요

(3) **공용부분의 법률관계**

① 공용부분의 성질 ➜ 구분소유자 전원의 공유

    − 일부구분소유자만 공유하는 공용부분 가능

② 공용부분 지분 비율 ➜ 전유부분 면적비율

③ 공용부분 처분

    − 전유부분 처분에 따라

    − 전유부분과 분리처분 불가능

    − 물권변동 등기 불필요

④ 공용부분 변경 결의

    − 원칙 ➜ 관리단 집회에서 구분소유자 및 의결권의 각 2/3 결의

    − 소유권, 대지권 비율에 변경이 생기는 경우 ➜ 4/5 결의

    − 경미한 변경 ➜ 통상 결의(과반수)

⑤ 공용부분 또는 대지의 사용 ➜ 전유부분 면적비율

⑥ 구분소유자 중 1인이 정당한 권한 없이 공용부분 배타적 사용하는 경우

    − 점유배제청구 및 부당이득반환청구 가능

    − 인도청구 불가능

⑦ 공용부분 분할청구 ➜ 불가능

⑧ 전유부분의 하자로 제3자에게 손해발생 ➜ 공용부분의 하자로 추정

⑨ 공용부분에 관하여 다른 구분소유자에게 갖는 채권 ➜ 전유부분 특별승계인에게 행사 가능

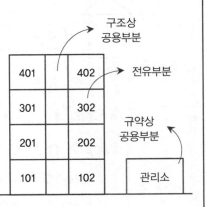

구조상 공용부분

전유부분

규약상 공용부분

401		402
301		302
201		202
101		102

관리소

17 | 대지사용권, 체납관리비, 재건축 등

(1) 대지사용권
① 집합건물의 대지를 사용할 수 있는 권리의 총칭 **예** 공유지분, 지상권, 임차권 등
② 전유부분과 분리처분
- 원칙 ➜ 불가능
- 규약 또는 공정증서로 ➜ 가능

(2) 체납관리비

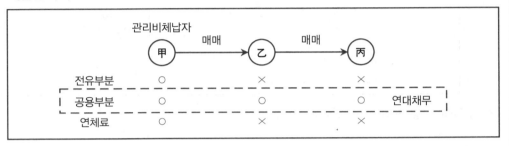

(3) 재건축
① 관리단 결의 ➜ 구분소유자 및 의결권의 각 4/5
② 서면 추가결의 가능
③ 단지 일괄 재건축 ➜ 각 동별로 4/5
④ 비용부담 사항 정하지 않고 결의하면 무효

(4) 관리조직 등
① 관리단 ➜ 구분소유자 전원의 집합으로 당연성립(조직행위 불필요)
② 관리인
- 구분소유자 10인 이상인 경우 선임
- 구분소유자일 필요 없음
③ 관리위원회
- 필요에 따라 조직
- 관리위원회 위원은 구분소유자 중에서 선출
④ 관리단 집회
- 정기집회 ➜ 매년 1회
- 임시집회 ➜ 관리인 또는 구분소유자 1/5이 소집
- 집회 소집통지 ➜ 구분소유자 전원이 동의하면 생략 가능

18 | 부동산 실권리자명의 등기에 관한 법률 적용

(1) **명의신탁 아닌 경우(실명법 적용 ×)**

   ① 가등기(양도)담보권

   ② 신탁법상의 신탁

   ③ 구분소유적 공유(상호명의신탁)

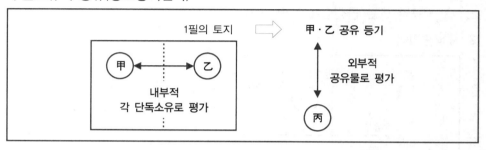

(2) **예외적 유효 명의신탁(실명법 적용 ○)**

   ① 종중

   ② 배우자   ┐

              ├ + 조세포탈 등의 목적 없는 경우

   ③ 종교단체 ┘

(3) **배우자 명의신탁 판례**

   ① 사실혼 배우자 포함×

   ② 명의신탁 약정 후 혼인하면 혼인한 때부터 유효

   ③ 배우자간 유효 명의신탁의 당사자 1인이 사망하면 상속인과의 관계에서도 유효

기출 지문 익힘

① 甲과 乙이 1필 토지를 구분소유적으로 공유하는 경우에, 甲은 乙에게 공유물의 분할을 청구할 수 (있다. / 없다.)

② 甲과 乙이 1필 토지를 구분소유적으로 공유하는 경우에, 甲은 乙이 소유하는 지역을 불법 점유하는 丙에게 방해의 제거를 청구할 수 (있다. / 없다.)

Answer　① 없다　② 있다

19 | 양자간 명의신탁의 법률관계

(1) 양자간 유효 명의신탁

① 소유자 ➔ 내부적 신탁자 / 외부적 수탁자

② 명의신탁 약정 해지 ➔ 가능

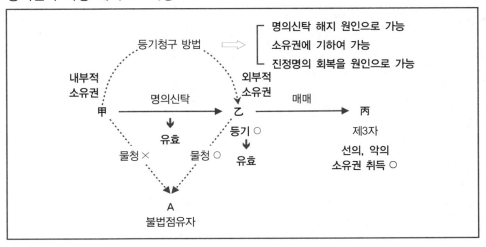

(2) 양자간 무효 명의신탁

① 소유자 ➔ 신탁자

② 명의신탁 약정 해지 ➔ 불가능

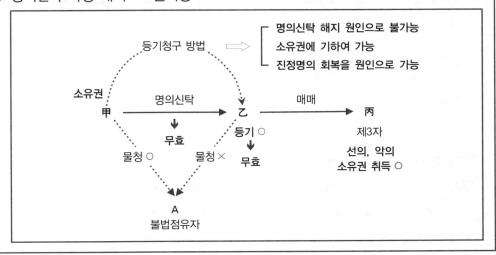

20 | 중간생략등기형 명의신탁

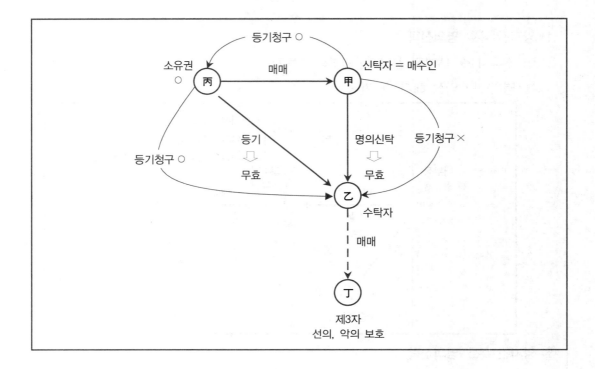

기출 지문 익힘

① 甲과 乙의 명의신탁 약정 ➡ 무효

② 甲은 乙에게 직접 이전등기를 청구 ➡ **불가능**

③ 乙이 甲에게 스스로 경료해 준 등기 ➡ 유효

④ 乙로부터 부동산을 매수한 제3자 ➡ 선의 악의에 관계없이 소유권을 취득 가능

⑤ 乙명의의 등기 ➡ 무효

⑥ 甲이 丙에게 등기청구 ➡ 가능

⑦ 甲은 丙을 대위하여 乙명의의 등기 말소청구 ➡ 가능

⑧ 乙이 제3자 丁에게 목적물을 처분하여 취득한 금원 ➡ 甲에게 반환 필요

⑨ 甲과 매매계약을 체결하고 乙로부터 등기 명의만을 넘겨 받은 자

    ➡ 제3자로 보호×

    ➡ 실체관계에 부합하는 유효한 등기 ○

21 | 계약형 명의신탁

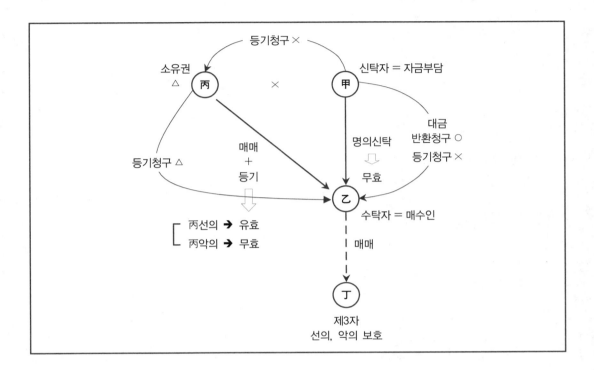

기출 지문 익힘

① 甲과 乙의 명의신탁 약정 ➜ 무효

② 甲은 乙에게 직접 이전등기를 청구 ➜ 불가능

③ 乙이 甲에게 스스로 경료해 준 등기 ➜ 유효

④ 乙로부터 부동산을 매수한 제3자 ➜ 선의 악의에 관계없이 소유권을 취득 가능

⑤ 乙명의의 등기 ➜ 丙이 선의인 경우에 유효

　　cf) 경매의 경우 乙명의 등기는 丙의 선의 악의에 관계없이 유효

⑥ 甲이 丙에게 등기청구 ➜ 불가능

⑦ 甲은 丙을 대위하여 乙명의의 등기 말소청구 ➜ 불가능

⑧ 甲이 乙에게 지급한 매매대금 반환청구 ➜ 가능

⑨ 甲이 매매대금 채권을 담보할 목적으로 유치권 주장 ➜ 불가능

제36회 공인중개사 시험대비 **전면개정판**

2025 박문각 공인중개사 민석기 민법 합격생의 비밀노트

초판인쇄 | 2025. 3. 1. **초판발행** | 2025. 3. 5. **편저** | 민석기 편저

발행인 | 박 용   **발행처** | (주)박문각출판   **등록** | 2015년 4월 29일 제2019-000137호

주소 | 06654 서울시 서초구 효령로 283 서경빌딩 4층   **팩스** | (02)584-2927

전화 | 교재 주문 (02)6466-7202, 동영상문의 (02)6466-7201

저자와의
협의하에
인지생략

정가 17,000원
ISBN 979-11-7262-644-0